JN083401

よい「音色(ねいろ)」とは何か

NEIRO

tadahiko yokogawa

横川理彦

NEIRO

よい「音色」とは何か

はじめに

「音色（ねいろ）」について考えてみましょう。

音楽を聞いていると、「いい音だなあ」とか「この声が好き」と感じることがあります。この「いい」とか「好き」と思う音楽の実態が「音色」（英語だと「timbre」）です。「ビリー・アイリッシュの声が好き」というとき、ほかの人とは違うビリー・アイリッシュの声の音色を聞き分けて、それに惹かれているわけです。

それを説明するには、音色というものが科学的にどういう仕組みになっているのか。楽器や声はどんな特徴を持っていて、どのように使われてきたのか、などを見ていく必要があります。

この本では、これらの事柄を順番に分析していきます。分析の道具として、ＤＡＷを使い、音が画像化された例も確認できるようにしました。ＤＡＷ（Digital Audio Work-station）とは音楽制作用のソフトウェアです。また具体例には、YouTube や Spotify のリンクを掲載しました。

第1章は「音色の科学」として、科学的に音色を分析する方法を説明します。「音」を科学で記述するならば、「周波数の時間変化」と定義づけることができます。周波数というのはどういうことか、それが時間的に変化すると何が起こるのか、ということですね。先に結論を書いておくと、楽音（音楽で使われる音）を分析するときに、音の立ち上がり（アタック）と音の持続部分（サステイン）を区別し、それぞれがどのような変化をするのかを見るとわかりやすい、ということです。

第2章は「楽器の音色」です。楽器の音を「打つ」「擦る」「吹く」「弾く」「電気を使う」の5種類に分け、それぞれの特徴を見ます。シンセサイザー、サンプリングといったコンピュータの手法も併用して、パーカッション、バイオリン、サックス、ピアノ、エレキギターなどの楽音の仕組みや成り立ちを一つ一つ分析するのと同時に、その楽器の名演奏家の音色の特徴も探ってみます。

第3章は「声の音色」です。楽器の中でも、「声」は特別です。歌は歌詞を伴って意味を伝えるので、ほかの楽器とは異なるたくさんの論点を持っているのです。現在のポピュラー音楽はコンピュータで作られるようになりましたが、大抵のヒットソングは相変わらず人が歌っています。他方、「初音ミク」のようなバーチャルシンガーも急速に広がり、今のAIの発達を見ていると、将来はシンガーのキャラクターもコンピュータで合成することが当たり前になるでしょう。

第4章は「アンサンブルの音色」です。音楽は複数の楽器で合奏するアンサンブルの形を取ることが多く、その音色は楽器単体のものとは随分違います。また、音楽ジャンル（クラシックとかジャズとか）によって、同じ楽器でも演奏法・音色が違うことも見ていきます。

第5章は、「メディアの音色と、音世界全体」について。あわせて、従来の音楽とは異なる音の捉え方をしているいくつかのジャンルについても解説しています。

NEIRO よい「音色」とは何か 目次

第1章 音色の科学 17

第2章　楽器の音色　

複弦の弦楽器たち　72

第4章　アンサンブルの音色

第5章 メディアの音色と、音世界全体 245

サウンドサンプルについて

本書の解説に用いたサウンドサンプルを、左記からダウンロードの上ご利用いただけます。
サウンドサンプルがある箇所には、文中に（オーディオ１－１）のように記載しています。

https://bnn.co.jp/blogs/dl/neiro

［使用上の注意］

※本データは、本書購入者のみご利用になれます。
※データの著作権は作者に帰属します。
※データの複製販売、転載、添付など営利目的で使用すること、また非営利で配布すること、インターネットへのアップなどを固く禁じます。
※本ダウンロードページＵＲＬに直接リンクをすることを禁じます。
※データに修正等があった場合には予告なく内容を変更する可能性がございます。
※本データを実行した結果については、著者や出版社、ソフトウェア販売元のいずれも一切の責任を負いかねます。ご自身の責任においてご利用ください。

本書では具体例のリファレンスとして、YouTubeやSpotifyなどのリンクを多数掲載しました。ＱＲコードとＵＲＬは、２０２４年１月現在のものになります。また、ＵＲＬの一覧リストＰＤＦを、右記のダウンロードデータに収録しました。

第1章 音色の科学

kagaku

現在、「音」は誰でも気軽にデジタルデータとして編集できるものになりました。スマートフォンの中の仕組みはわからなくても、誰でも気軽に動画を撮って編集ができます。それとほぼ同じ作業が、音についてもできるのです。というより、動画の編集をすると、一緒に録音された音も編集されています。

音だけに焦点を当て、コンピュータで音・音楽を編集していくソフトウェアを、ＤＡＷ（Digital Audio Workstation）と呼びます。読み方は「ディーエーダブリュー」または「ダウ」です。ＤＡＷによりディスプレイで音を視覚化し、とても細かな点まで音をコントロールし、人の耳に届きやすくする作業をします。

音に対する科学・技術的な分析をしてきた過去の成果が、コンピュータ技術に応用されてきました。１９９０年代くらいまでは専門性が高く限られた人の仕事だったのですが、現在ではアップルの Garage Band に代表されるように、コンピュータ（もしくはスマートフォン）があれば、誰でもＤＡＷにアクセスできる世界となりました。

この章では、まず「音」についての科学・技術の考えを概観し、「音色」について考える入り口にします。楽譜や楽器の演奏メソッドではない音楽の捉え方、ということができるでしょう。

音色とは何か

はじめに、この本で扱う「音色」について定義づけておきましょう。

まず、音の3要素として、音の高さ・音の大きさ（強さ）・音色が挙げられます。音の高さや音の大きさは、わかりやすいですね。これに対して音色は、音の中で高さ・強さ以外のすべてを指す残余範疇で、具体的には様々な現象が記述的に述べられます。

ChatGPT-3.5に「音色とは何か」を問うと、「音色（おんしょく）とは、音の質や特徴を表わす音楽用語です。音色は、音がどのような特徴や性質を持っているかを表わし、同じ音高や音量でも異なる楽器や声などから発せられた音が、それぞれ独自の響きや質感を持って聞こえる要因です」という答えでした。

音の特徴・個性を成すものということで、音楽用語ですから、音楽の範疇で使われる言葉だということです。音（＝サウンド）が音現象全般、その時に鳴っているものすべてを表わすのに対して、個々の楽器・音を発するものを個別的に見る、という意味も含まれています。

音色は英語だと「timbre」か「tone」に当たります。「timbre」が音楽的な意味での音色とほぼイコールなのに対し、「tone」はより広い文脈で、音の明るさ・暗さから、人の態度や口調にまで当てはめて使われます。オーディオ機器で「tone control」とあるのは低音・高音の上げ下げをするツマミですね。

大きくいってしまえば、音色とは「音の個性」です。狭い意味では、「音楽で使われる個々の楽器の特徴」。広い意味では、「音の特徴」と定義づけることにしましょう。そこでまず、音を分析・記述する、科学・技術的な方法を簡単に解説してみます。

音は、周波数の時間的変化である

ピアノの「ラ」の音をマイクで録音し、コンピュータのDAWで表示すると、図1―1のようになります。人は空気の振動を耳で聞き取るのですが、図1―1のようなグラフは、マイクで空気振動を電気信号に変換し、それをさらにデジタル化しています。縦軸は音の大きさ、横軸は時間で表示しています。図1―1を横方向に拡大し（音の立ち上がりから1㎝くらいのところ）、時間を細かくしたのが図1―2です。

さて、音を視覚化する方法は他にもあり、スペクトログラムで見るのもわかりやすいです。スペクトログラムは縦軸が音の大きさ、横軸が音の高さ（左が低く右が高い）で、時間と共に音が変化していくと、グラフがウネウネと動きます。前述の図1―2のような短い時間のスペクトログラムは、図1―3のような静止画のスペクトログラムになります。

正確なスペクトログラムを作るためには、複雑な音のデータを、フーリエ変換という方法でサイン波（1つの音の高さしか持たない波）の集合体に変換します。低い方から高い方へ周波数（音の高さ）と音の大きさによってデータを並べていけば、スペクトログラムのグラフができ上がります。逆にいえば、どんな音でもサイン波の集合として合成（シンセシス）することができるわけです。ただし、昔はコンピュータの計算スピードが遅く、5秒の音を作るのに1週間かかったりしていました。

現在、「音は周波数の時間的変化である」という定義は、実用的に使えるようになっています。パーソナルコンピュータが音楽制作の基本プラットフォームになって、この20年くらいで誰でも安価かつ簡単にデジタルのオーディオ編集ができるようになりました。

Windows コンピュータにプリインストールされている Windows Media Player には、簡単なスペクトラムアナライザが装備されており、周波数の時間変化をリアルタイムで見ることができます。また、多くのＤＡＷには、より精密なスペクトラムアナライザがついており、音の変化を視覚的に確認できます。ここでは、Ableton Live のスペクトラムアナライザの紹介動画を挙げておきます。

「All About Ableton Audio Effects - Spectrum」
https://www.youtube.com/watch?v=VE9vC9zGAfU

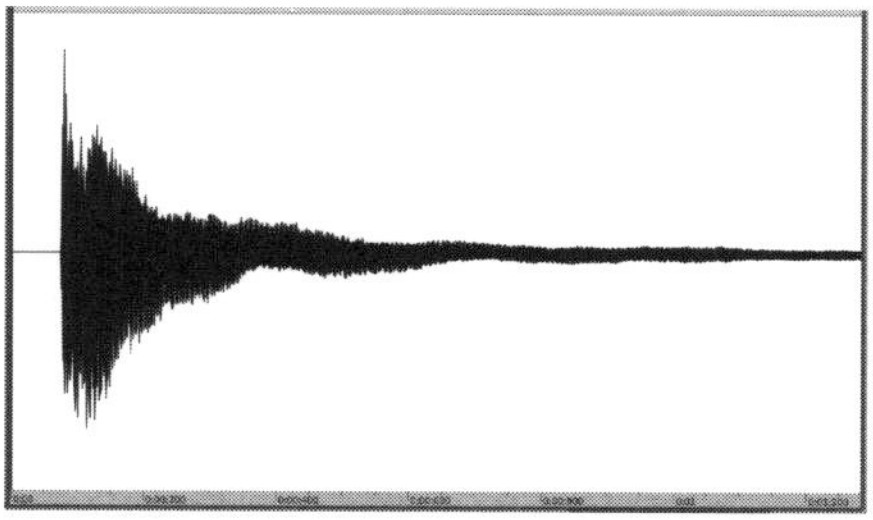

図1 - 1

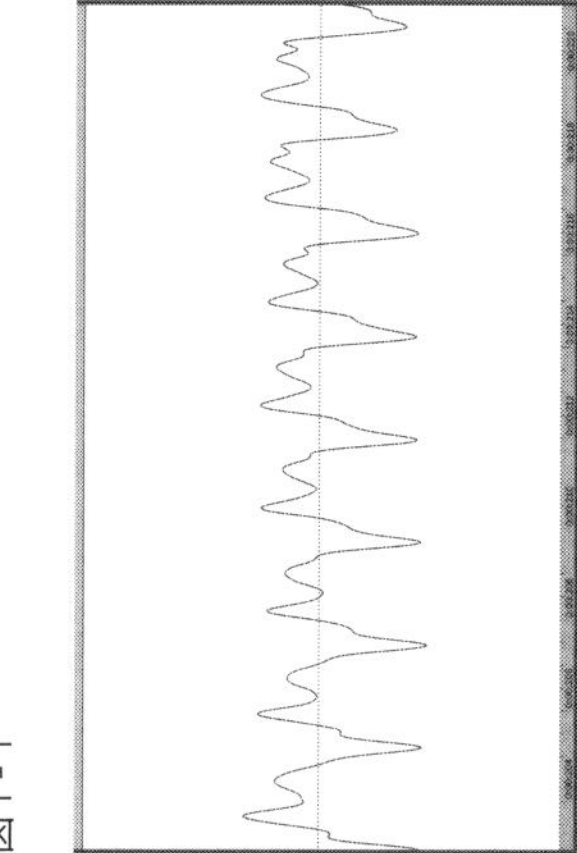

図1 - 2

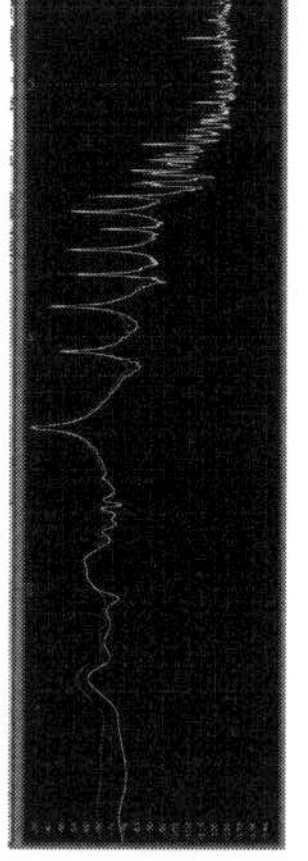

図1 - 3

これは非常に便利なものです。拡大表示ができるし、グラフの中にカーソルを置くと、周波数と平均律での音の高さ、音の大きさも表示されます。この紹介動画は英語ですが、日本語の字幕も表示されるのでぜひ参考にしてください。

倍音と音色、音の時間変化

音楽は、たいてい様々な音が同時に鳴っているので、スペクトラムアナライザのグラフ表示も複雑なカーブが時間とともに複雑に動きます。音色分析のために、まず一つの楽器の一つの音（単音、ピアノやギターのように同時に多くの音を出せる楽器でも一つの音を考える）を取り上げてみます。

楽器の音のように、ある高さを持った音は、波形を拡大していくと図1−2のように一定の形を繰り返しています。もっともシンプルなサイン波は、図1−4のような形です。

一つのサイン波の周波数を基本として、その整数倍の周波数を「倍音」といいます。一つのサイン波はHz（1秒間に何回繰り返すか）で表わします。現在多くの楽器で440Hzのサイン波をピッチの基準にしていますが（ラ＝440Hz）、この時、第2倍音は880Hz、第3倍音は1320Hz……ということになります。

サイン波に倍音を加えていくと波形が変化し、音色が変わっていきます。つまり、音色の本体は、倍音のバランス、ということになります。

シンセサイザーで用いられる基本波形は、サイン波の他に、三角波、矩形波（くけいは）があります。

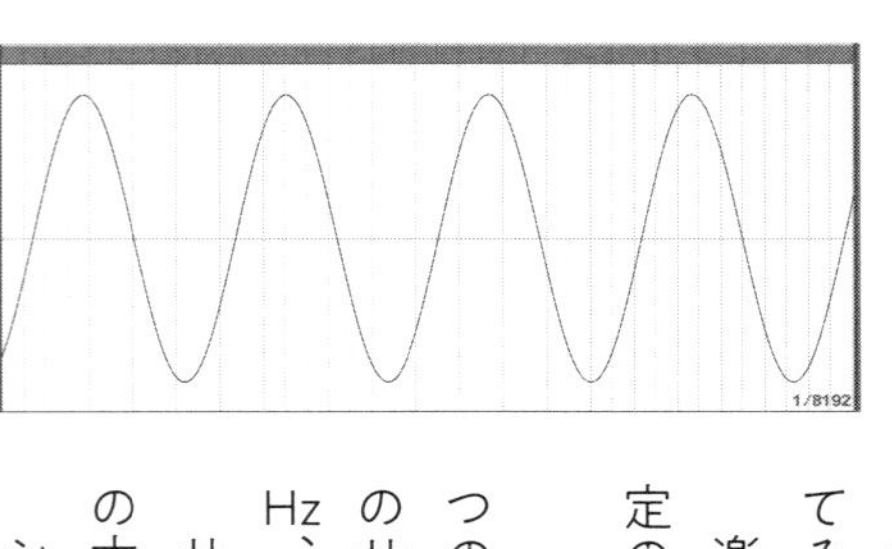

図1-4

また、基本波形がランダムになっているのがノイズです。この4つそれぞれの音を聞いてみましょう（オーディオ1−1）。

三角波は、波形のグラフの見た目が三角で、倍音構成は元のサイン波に奇数倍音が加わるのですが、高い倍音成分は音量が下がっていきます。矩形波は、方形波とも呼ばれ、奇数倍音が元のサイン波と同じ音量で加わっていきます。高い音の成分がサイン波＞三角波＞矩形波の順番に増えていくので、音色はだんだん明るく派手に鳴っていきます。なお、基本的な波形としては、この他に整数倍音をすべて含む鋸(のこぎり)波があります。

基本波形のグラフと音が確認できる動画。「正弦波 三角波 矩形波 鋸波」
https://www.youtube.com/watch?v=CanQFMa57Xo

さて、今聞いてもらった音は、音が鳴り始めてから止まるまで、ずっと同じ音量です。実際の楽音でこのような音量変化をするものは、オルガン類の他にはまずありません。音の鳴り始めや持続には、楽器や演奏者のやり方で音量の変化がつきます。オーディオ1−1に音量変化をつけると、オーディオ1−2になります。シンセサイザーの音作りでは、通例Attack・Decay・Sustain・Releaseの4段階で音量変化を構成します。

さらに実際の楽器においては、音の出始め（Attack）や音の持続部分（Sustain）で、しばしば倍音構成がその楽器に特徴的な変化をしていきます。先ほどのピアノの音を、ＤＡＷを使って音の出始めと、持続部分でループ（繰り返し）を作って比較すると、オーディオ1−3のようになります。音の出始めは明るい矩形波のような音、持続部分は穏やかでサイン波のような音で、だいぶ音色が違うし、どちらもピアノの音には聞こえません。

次に、バスドラムのカテゴリーで３つの音を聞き比べてみましょう。最初は倍音の時間変化のない、サイン波的なバスドラム。次はアタックの部分で素早く音色が変わるもの。３番目はアタックでゆっくり音色が変わるものです（オーディオ１－４）。このように、人が抱く楽器のイメージは、音がどのように時間変化するかと強く結びついており、しばしばアタック部分での音色変化が大きな要因となります。

以上のように、科学的に音色を見るなら、「音色とは周波数の倍音構成の時間的な変化である」と再定義することができます。現代音楽の中には、この考え方を理論的支柱として作曲する「スペクトル楽派」という流れがあります。フランスの電子音楽研究所である「ＩＲＣＡＭ」でコンピュータを使った音響分析・音響合成ができるようになった、という技術的背景があります。

ビブラートとポルタメント

楽音の大きな要素として、「ビブラート」と「ポルタメント」があります（どちらも音楽用語）。ビブラートは音の高さ（音程）の揺れ、ポルタメントは音の出始めや、別の音程に移動するときの音の高さの連続的な変化です。ビブラートの揺れ幅や速度、ポルタメントの幅や変化の速さも、音色の印象の大きな部分です（オーディオ１－５）。

歌においては、ポルタメントのやり方（しゃくり、コブシなど）は表現の中心課題で、歌のジャンルを決める大きな要素になります。

また、打楽器や撥弦楽器（ピアノなど）では、構造的にビブラートやポルタメントの表現ができません。そのため同じような表現として、トレモロ、トリル、前打音、フラムなどのテクニックが使われます（オーディオ1―6）。

どうしてこのような表現を「気持ちよいもの」として感じるのでしょうか？　現象としてこのような表現がされている、ということで科学的に説明することは難しいのですが、いくつかヒントを挙げると……ビブラートをかけることで自然現象によく見られる「揺れ」をシミュレートできる、音程が揺れることで楽器のボディや場所に共鳴し音量が大きくなる、演奏者の音の揺れ具合が感情表現として聴衆に伝わる、といったことがあります。

フィルタリングとフォルマント

音作りにおける「フィルタリング」とは、周波数分布のある部分を強調したり、抑制したりすることです。高い周波数を強調すると元気に聞こえ、逆に抑えると柔らかく聞こえたり、こもったおとなしい音に聞こえたりします。

一番わかりやすい例は、ワウペダルを使ったエレキギターの演奏で、強調する周波数のピークを動かすことで「ワウワウ」と音が変化します。次の動画は、Ableton Live のスペクトラムアナライザを使って、ワウペダルの周波数変化をビジュアル化しています。

「This is why the WAH PEDAL is awesome!」
https://www.youtube.com/watch?v=NW9Yq99FeTU

トランペットやトロンボーンなどの金管楽器では、楽器のベル（朝顔）の部分に様々な弱音器（ミュート）を当てることで、音質・音量を変化させます。ミュートを用いたソフトな金管のアンサンブルもとても魅力的です

トロンボーンに様々なミュートをあてがった演奏例。「Trombone Mutes - How Different Trombone Mutes Sound」
https://www.youtube.com/watch?v=FWuYLFTe3_8

さて、どこの音の高さを強調するかは、時代と音楽ジャンルによって異なります。１９８０年代、テクノロジーがアナログからデジタルに移る時代には、アナログ録音ではなかなか表現できなかった、高音を強調してハイファイにしようというやり方が、すべてのジャンルの録音再生で行われました。

また、レゲエ／ダブからＤＪカルチャー、ダンスミュージックでは、なるべく60Hz以下の低音を大きくして迫力を出し、腰を動かして踊りやすくすることが多いです。レゲエでは、エレキベースもなるべく低音を強調します。そのためのテクニックとして、弦は古いフラットワウンド（平巻き）で、右手のタッチはソフトに、イコライザーはベース10・トレブル0、可能な限り低音を強調します。

「How Do You Get That Fat Reggae Tone???」
https://www.youtube.com/watch?v=tJ_R2WHw0eQ

他方、「フォルマント」は、人間の声の研究から来た考えで、母音を発声している時の複数の周波数のピークのことです。声に限らず、音源に対して特定の周波数分布のフィルタリングをすることで、特定の母音を発声しているように聞こえるのです。もともと声帯から出てくる音は、すべての倍音を含む三角波なのですが、喉から口腔の形を様々に変化させることで、共鳴する周波数を変化させて様々な母音を生み出します。

例えば「ア」という母音は、男性で730Hzと1100Hz、女性で850Hzと1200Hzあたりにピーク（周波数の山）があります。シンセサイザーの鋸波に対して、この2つのピークを強調すると、「アー」と歌っているように聞こえます。

母音のピークと鋸波でその周波数を強調する実演動画。英語で説明されているが、わかりやすい。
「Formants Explained and Demonstrated」https://www.youtube.com/watch?v=jpbFnsustp0

同じ音源に対してフォルマントのカーブを「A→I→U」と変化させると、「アー→イー→ウー」と歌っているように聞こえます。ボコーダーは、フォルマントを利用した楽器・エフェクターで、楽器の音をフィルタリングして歌っているように聞かせたり、逆に人間の声を機械楽器のように聞かせたりします（オーディオ1-7。シンセの元音→ボコーダーエフェクトをかけてアー→同じくイー→同じくウーと変化させている）。

ボコーダーの実演動画。「10 Most Famous Vocoder Songs」
https://www.youtube.com/watch?v=0kEHP2aUltA

イコライザーとフィルター

ＤＡＷで音を扱うときに、もっとも基本的で重要なエフェクター（音を変化させる効果を与えるもの）が「イコライザー（ＥＱ）」です。もともと、マイクで録音した音を補正して聞きやすくするためのエフェクターなのですが、ほかの楽器とのバランスで、例えば歌がキラキラ輝いて聞こえるように高い周波数を強調したり、歌と同じ周波数でぶつかるギターやピアノの音を削って、歌が聞こえやすくなるように積極的に音色を変化させます。

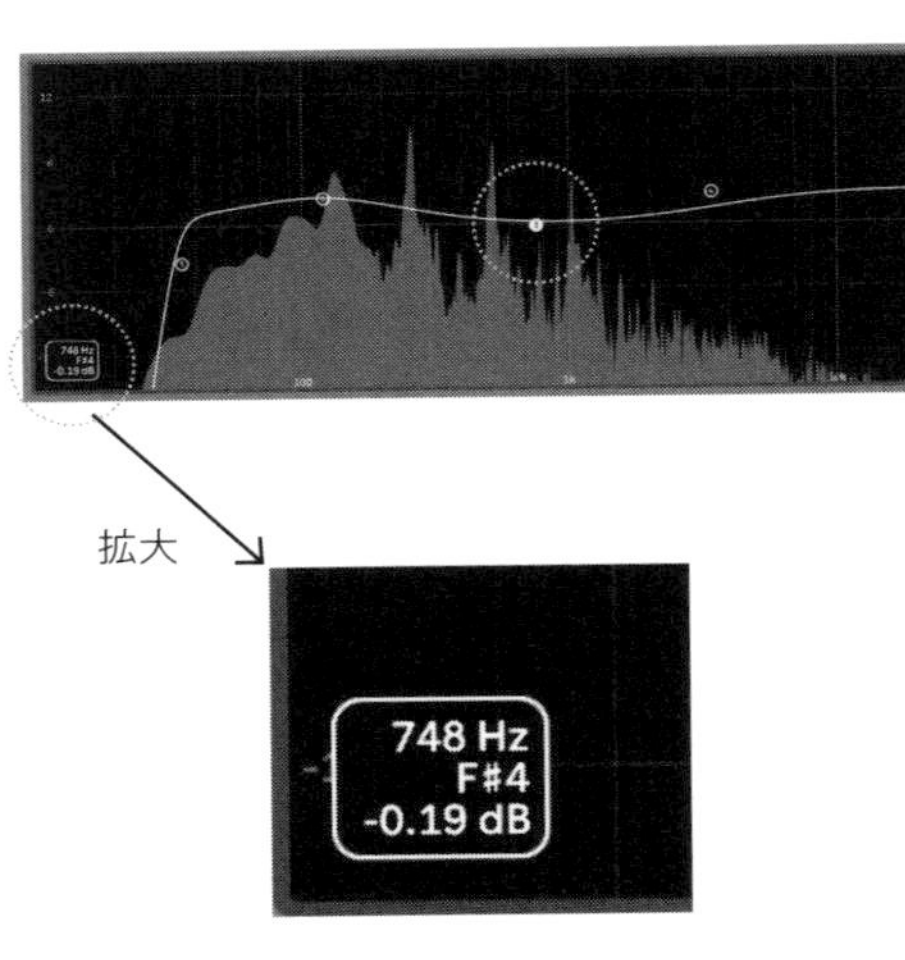

図1-5

昔は、録音エンジニアが長年培った耳と勘で周波数の当たりをつけていました。しかし、近年のＤＡＷのＥＱはスペクトラムアナライザの表示もしてくれるものが増えて、視覚的にどの周波数帯域が飛び出ている／へこんでいるかがわかるので、誰にでも調整しやすくなりました。ただし、ＥＱを操作したときにどのように音色が変化しているのかを正確に聞き取るには訓練が必要です。音のよし悪しと、音量の大小がしばしば混同されるのです。

図1−5は、Ableton Live のＥＱ８で音質調整をしている画面です。ＥＱのポイントが4つある中で、３つ目のポイントがオレンジに点灯しており、左下にその周波数と音の高さ、音の大きさ（dBで表わす）が「748Hz, F#4, -0.19dB」と表示されています。

イコライザーは「フィルター」が集まったものです。Ableton

Live では、ＥＱ８は最大８つのフィルターを同時に扱えます。フィルターは特定の周波数帯域を上げ下げするもので、カーブの形は一定の周波数以下・以上を扱うもの、一定の周波数の周りを扱うもの（周波数の広がり具合も指定できる）など、いろいろな種類があります。50 Hz以下の低音は、しばしば全体のサウンドの邪魔になるノイズになるので、低音を扱うベースやバスドラム以外では、カットされることが多いです。

録音用のマイクに、もともとローカットのフィルターがついていることも多いです。フィルタリングの事例で挙げたワウペダルは、フィルターだけを取り出して足元で操作できるようにペダル化したもので、ＤＡＷ上ではＥＱやフィルターを時間とともに変化させれば（これもＤＡＷ上に記録できる）、ワウペダルと同じ効果が得られます。

共鳴

音・音楽を科学・技術的に考えるときに、別の重要な視点がもう一つあります。それが「共鳴」(Resonance)です。

音現象は、元になる音源に対してその周囲に何らかの構造体があり、音源の響きに応じて構造体が振動することで音量が増大します。ギターを例に取れば、弦を弾いた振動がギターのボディに伝わり、ボディが弦の振動に共鳴することで大きな音になります。ボディを取り除いて弦だけを振動させると、かすかに聞こえるか聞こえないかくらいの音量なのです。

アコースティックギターではボディが大きくなれば音量が大きくなりますし、エレキギターは、ピックアップを通じてアンプで電気的に音量を大きくします。音が大きくなりすぎると、アンプの音にギターのボディが共振して「キーン」というフィードバックを起こすので、逆にボディを小さくし、空洞部分のないソリッドギターが開発されました。トランペットも同様で、マウスピースだけで音を出すと普通に話しているくらいの音量しかありません。金属のボディがつくことで、バイオリン10台以上の音量になるのです。

　音色を考えるとき、バイオリンなどの弦楽器のボディが木材で、ニスなどの塗装がなされていること、管楽器のボディが金属でできていること、ピアノが金属と木材のハイブリッドになっていることなどは決定的で、音の魅力や表現の可能性は、ボディの設計次第だったといえます。個々のアコースティック楽器の音色については、次の2章で詳しく取り上げることにしましょう。

　さて、共鳴には楽器構造以外にもう一つ大きな要素があります。それは音の聞き手がいる「場所の共鳴」です。

　ピアノの音を聞くのに、一般家庭の居間で聞く音と、コンサートホールで聞く音は、まったく違います。実際にマイクと録音機で音を録音してみると気がつくのですが、音源から3メートルぐらい離れると、私たちが楽器の音として聞いている音の多くの部分は、部屋からの反響で、楽器から直接伝わっているのではありません。

　近年の録音物では、オールジャンルにおいて、なるべく楽器の近くで録音し、後から人工的に響き（リバーブ）をつけ加える作業が行われています。ここでもデジタル技術の進歩は凄まじく、「車の中で聞く音」「携帯のスピーカーから聞こえる音」など、あらゆるシチュエーションの響きがそっくりにシミュレーションされています（オーディオ1-8。元のピアノの音↓広いホールの中↓車の中→携帯のスピーカー）。

西洋クラシック音楽の発展を考えるとき、石造りの教会で、コーラスの残響が高い天井に向かって長く響いたことは、とても大きな出来事でした。リバーブの量がとても多くて人の話もうまく聞き取れないくらいなのですが、聖歌隊の歌はとても美しく、ハーモニーの響きでリバーブの中に包まれ、それだけで感動して昇天してしまいそうです。

同じコーラスを響きのない野外に持ってくると、リバーブがなくなるので集団的に気持ちよさを感じるのが難しくなります。宮廷、サロン、コンサートホールと、クラシックが演奏されていた場所を考えていくと、どこで演奏されるのかによって音楽の内容が決まってきたともいえます。

ショパンはピアノの音量が小さく主にサロンで活躍したとか、ワーグナーが自分の音楽を聞かせるために劇場を設計した、モニター環境やPA装置が未発達なためビートルズはライブ活動を停止し、数年のずれで大会場での演奏環境が充実したローリング・ストーンズは積極的にライブツアーを行った……といった事例があります。

多目的ホールでは、コンサートにおいては残響長め、講演会では残響短めにするために天井と壁の材質が変えられる可変パネルが用いられることが多いです。演奏会場において、オーディエンスは影響力の大きな吸音材です。サントリーホールは、空席時の残響時間は2・6秒、満席時の残響時間は2・1秒と、オーディエンスの存在で残響時間は大きく変わります。

また、リバーブには音質があります。硬いガラスやコンクリートからの反響には高音域が十分含まれていますが、柔らかい畳や土壁からの反響は、壁や畳に高音が吸収されてしまうため、高域の少ない柔らかな響きになります。

1980年代あたりまで、録音スタジオにおけるリバーブはとても高価でした。そのため、日本のポピュラー音楽では、メジャーのレコード会社のスタジオで録音している証としてリバーブがかけられることが通例で、当時のジャズやロックのミュージシャンたちは余計なリバーブを取り除くのに大変苦労をしました。逆の例としては、ドイツのジャズレーベルのECMは、プロデューサーのマンフレート・アイヒャーの好み（クラシック音楽の影響）のために、どのレコードを取っても特徴的な美しいリバーブがかかっており、一聴で「ECMのアルバムだ」ということがわかります。

DAW的観点からすると、現在はいくらでも質の高いプラグインのリバーブを選べるようになってきたのですが、リバーブ自体に音色があるということを理解するのが重要です。ミキシングの時にリバーブだけの音をよく聞いて、リバーブのないドライな音とどのように組み合わせるとよいサウンドになるのかを、ロジカルに設計する必要があります。*

＊音・音楽の科学については、包括的な名著がいくつもある。ここでは代表的な4冊を挙げておく。チャールズ・テイラー『音の不思議議をさぐる』（大月書店）、フィリップ・ボール『音楽の科学』（河出書房新社）、安藤由典『新版楽器の音響学』（音楽之友社）、岩宮眞一郎『音と音楽の科学』（技術評論社）。

シンセサイザー

次に、シンセサイザーやサンプラーの音作りについて代表的なやり方をいくつか紹介します。シンセサイザーは電気的に音を作り出す仕組み、サンプラーは自然界に存在する音を一旦録音し、それを素材として音を組み立てていく仕組みです。原理は少し違うのですが、どちらも楽器としての

肉体性の乏しい機械です。

シンセサイザーの音作りの入門動画。とてもわかりやすい。
「『FILTER Volume.01』特集〈シンセサイザーの仕組みと音作り〉連動動画　How to make synthesizer sounds」
https://www.youtube.com/watch?v=zUT6MJeq89k&t=1s

アナログシンセサイザー

それまで音響の研究室のものだったアナログシンセサイザーは、1970年あたりから一般に市販されました。当初謳われた生楽器のシミュレーションの機能は低かったものの、このタイプのシンセサイザーならではの新しい音色をいくつも作り出しました。

仕組みとしては、まずオシレーターで音色の元になる基本波形を作ります。次にフィルターで周波数分布に偏りを作って音色に特徴を持たせます。最後にアンプリファイアで音の立ち上がりや減衰の仕方（音量の時間変化）を決めて、鍵盤を演奏すると音が出ます。さらに、LFOと呼ばれるゆっくりとした波の発振器もあって、これをオシレーターにかけるとビブラート（音程の揺れ）、フィルターにかけるとワウ（音質の揺れ）、アンプリファイアにかけるとトレモロ（音量の揺れ）を作ることができます。

アナログシンセサイザーは、元のオシレーターの音からフィルターで音を削っていくため、減算方式とも呼ばれます。通例、オシレーターは2系統あり、これに加えてノイズを発生するノイズジェネレーターもついています。モーグ社の「MOOG Ⅲ-C」は初期のアナログシンセサイザーの名機で、冨田勲のアルバム『月の光』や、スティーヴィー・ワンダーの70年代の4部作（『Talking Book』『Innervisions』『Fulfillingness' First Finale』『Songs In The Key Of Life』）で素晴らしい音を聞くことができます。

冨田勲『月の光』
https://open.spotify.com/album/3uahEjE95POX11CnbVjBA6?si=VAHHBsrSTA6JDsjnJ2n9cA

１９７８年に発売されたシーケンシャルサーキット社の「Prophet-5」は、音がよいのに加えて、同時発音数５のポリフォニックシンセサイザーで、メモリに40の音色を記憶させることができるため、とても人気がありました。１９８２年に発表された坂本龍一＋デヴィッド・シルヴィアンの「Bamboo Music」は、シンセサイザーパートはすべてProhet-5でできており、その魅力を満喫することができます。

坂本龍一＋デヴィッド・シルヴィアン「Bamboo Music」
https://open.spotify.com/track/4m3Jt7DtpCeTXtE4xlSGP6?si=54aa23bc4f734d82

ＦＭシンセサイザー

周波数変調（Frequency Modulation）というやり方で、オシレータに別のオシレータで直接変調をかけ（モジュレーション）、簡単に複雑な音色を作ることができます。エレクトリックピアノやベル系の、アナログシンセが苦手な高域のキラキラした音が得意です。音作りは予想がつきにくく、やや難しいのですが、豊富なプリセットで定番となる音色がたくさんあります。

１９８５年に発売されたヤマハのＤＸ７が代表的な製品です。１４・２kgと当時のキーボードとしては圧倒的に軽く、プリセットにエレクトリックピアノ、シンセベース、シンセブラスなど即戦力になる音色がたくさんあり、あっという間に音楽演奏の現場でどこでも見るようになりました。

DX7を使った代表的な曲・フレーズの演奏ビデオ。「The Legendary DX7 Sounds - FAMOUS SONGS and Patches」https://www.youtube.com/watch?v=oaP_3fwTSQI

フィジカルモデリング

音色を「共鳴」から考えるやり方のシンセサイザーです。音源と共鳴体を別々にシミュレートするため、例えば音源をダブルリード、共鳴体はチェロの胴体といった、ありえない組み合わせも可能です。

近年のコンピュータの高速化によって、実楽器のシミュレーションが格段に進歩し、弦楽器や室内楽アンサンブルといった、これまでシンセサイザーが苦手としていた楽器類も、見事に本物っぽい音を出せるようになっています。サンプリング方式に比べると、メモリー消費が圧倒的に少ないのもよい点です。

モデリングによるピアノ音源、かなり優秀な「Modartt Pianoteq 8」のデモ。https://www.youtube.com/watch?v=sOIqPTNyyf0

新興のソフトメーカー「Samplemodeling」からは、次々にフィジカルモデリングによる生楽器のシミュレーションソフトが発売され、いずれも優秀だ。このデモ映像は、弦楽四重奏をソフトで打ち込んだもの。「Samplemodeling Solo Strings OUT NOW! - String Quartet (Official Demo)」https://www.youtube.com/watch?v=n7XGqnIVwhw

サンプリング

元の楽器の音を音高・音量・演奏法別に丁寧に録音し、演奏データに応じて再生するやり方です。何しろ実楽器の録音を使っているので、音は元の楽器にそっくりになります。ヒップホップにおいて、レコードからドラムの部分を抜き出し、ループ再生することでかっこいいビートをそのまま再利用するのが、一般的なサンプリングのイメージだと思います。現在ではドラムに限らず、生楽器を手軽にＤＡＷでシミュレーションする用途において、大幅に利用されています。

　初期は録音のクオリティや録音できる長さに限界がありましたが、現在はコンピュータの高速化・大容量化によって、その縛りがなくなりました。現状、クラシックで用いられる楽器はもちろん、かなりレアな民族楽器の類までソフトウェアのコレクションが整っています。欠点は、上質なものほど膨大なメモリを使うことで、ストリングスのソフトでは平気で１００GBを超えるものがたくさんあります。

スペクトラソニックス社の「Keyscape」は、サンプリングによる各種キーボードのシミュレーションソフトの頂点。ポピュラー系のライブパフォーマンスでもよく使われるようになった。有名アーティストたちによるデモ演奏が楽しい。「Introducing Keyscape」 https://www.youtube.com/watch?v=slYbmxaBo-I

ストリングス音源の比較動画。「ほぼベタ打ちでストリングス音源比較【Strings Comparison】Spitfire Audio & Cinematic Studio Strings & LASS & EastWest」 https://www.youtube.com/watch?v=fJzjKLOc2Zs

ウェーブテーブルシンセサイザー

シンセサイザーのオペレータの部分に様々な波形データを持ち、これを色々な読み出し方で再生することで、複雑な音色を生み出す方法です。アナログ、FM、サンプリングのよいところを集めたようなやり方で、EDMが流行ったあたりから、現代的なシンセサイザー（多くはコンピュータのソフトシンセ）の主流となっています。エックスファー社（Xfer）の「Serum」、ネイティブインストゥルメンツ社の「Massive」、スペクトラソニックス社の「Omnisphere」などが代表例です。

「Serum」のデモ音源。聞き覚えのある音が沢山。「Serum Best factory presets, sounds (no talking)」
https://www.youtube.com/watch?v=BOIOKO629TI

「Omnisphere」の紹介動画。「Introducing Omnisphere 2.5」
https://www.youtube.com/watch?v=BypwhOOIDy0

楽器のシミュレーションの陥穽（かんせい）

このように、今やフィジカルモデリングやサンプリングによって生楽器そっくりなシミュレーションが可能になったのですが、ここにはいくつかの陥穽（おとしあな）があります。まず、楽器の生演奏においては、演奏者が様々に表情をつけながら音楽表現をしていくので、これを真似るためにはシンセ／サンプラーの演奏データを入力する際に、細かく丁寧なデータ作りが必要になります。ここにおいて、データを作る人は生楽器の表現についてよく知っている必要があり、それなりの勉強が必要です。

また、リアルタイム入力で上手に入力できる人もいますが、演奏法や音の表現を切り替えながらキーボードを演奏するのは名人芸で、上手な楽器演奏者に生楽器を演奏してもらうのとさして変わらない技術職です。

リアルタイムのシンセベース練習法動画。「ベーシストが弾くシンセベース～ひとつを極めればマルチになれる～」
https://www.youtube.com/watch?v=rrpC7T7OhDs

この問題は、現在のＡＩ技術の進展を見ると、あと5年もすれば「ここのピアノはハービー・ハンコックみたいな感じで」などと注文すれば、ＡＩが完璧な音楽的表現をつけて解決するようになると思われます。

もう一つ根源的な問いとしては、ＤＡＷで作るものには使えても、コンサートのような生演奏の場面で人間が演奏しているのを見せる状況では、（キーボード以外は）使えない、ということです。生演奏を趣旨とするクラシックのコンサートでは、バイオリンのシミュレーションソフトは出番がありません。

ＤＡＷのソフトウェアからの音が、コンサートのような生演奏の場で「アーティストが演奏している」というオーラを持つことができる……という例としては、近年の初音ミクのライブのようにバーチャルなキャラクターがそれ自体の魅力を持つ、という未来形が一つ。もう一つはクセナキスのコンピュータ作品のように、作曲者がカリスマを持っていれば、作品はコンピュータを音源とするスピーカーからの再生音でも構わない、という場合があります。

さらに、ポピュラーミュージックにおいては、ＤＪカルチャーが浸透した１９９０年代以降、昔の音源を再利用し、エディットしたサウンドでも、クオリティが高ければそれでよしとされている、ということも大きな変化です。ＥＤＭのコンサートにおいてアーティストはＤＪ化しており、あらかじめ用意した音源を流し、多少ディレイやフィルターをかける以外は、本人がそこにいて客席と一緒に盛り上がればよいのです。*

＊　この文化的な観点については、柴崎祐二『ポップミュージックはリバイバルをくりかえす「再文脈化」の音楽受容史』（イースト・プレス）の論議が整理されていてわかりやすい。

第2章

楽器の音色

gakki

この章では、楽器一つ一つについて、その特徴を考えていきます。1章の音の考え方を楽器に当てはめていくわけです。

あらかじめ、ガイドとして大まかに歴史と地理を見ておきます。大昔から世界各地で、そこにある素材を使って様々な楽器が生まれました。西洋で産業革命が起き、科学技術で楽器が工業製品化することで、ピアノや色々な管楽器が生まれました。多くの聴衆に届くように従来の楽器は大音量化の工夫がされ、楽譜に記された譜面を同じように演奏できるように、楽器の平準化が行われます。

20世紀に入り、電気が自由に使えるようになりました。ラジオ、レコード、映画などのメディアが大衆化されていくのと並行して、さらに多くのオーディエンスに音が届くように、楽器をマイクで集音しPAで増幅、ギターやベースは電気楽器となります。

1980年代以降のコンピュータやインターネットの登場に伴い、多くの音楽はコンピュータの中で録音・編集され、楽器はコンピュータの中で高い精度でシミュレートされたソフトウェアとなりました。現在では、本物の楽器とシミュレートされたソフトウェアは録音物で比較する限り、ほぼ判別不能になっています。

楽器の区分と音色の特徴

現在、楽器の分類は次の5種類に分けるのが一般的になっています。クルト・ザックスとエーリッヒ・フォン・ホルンボステルによる分類法です。

①体鳴（たいめい）楽器　打楽器のうち、膜の張っていないものすべて。カスタネット、シンバル、ゴングなど

はわかりやすいですが、音程のある木琴や親指ピアノ、擦るグィロや、グラスハーモニカなどもこの部類です。

②膜鳴楽器　膜を張って鳴らす楽器。いわゆる太鼓の部類。膜を張る胴体の部分は木、金属（ティンバレスなど）、骨（チベットのダマル）など。

③弦鳴楽器　ナイロン、スチール、絹糸、ガット（羊の腸）などで作った、弦を張った楽器。演奏法は弾く、弓で擦る、撥(ばち)で叩くなど。

④気鳴楽器　空気の流れで音を作る楽器。木管、金管、オルガン、ハーモニカなど。

⑤電鳴楽器　電気楽器と電子楽器を合わせた分類。電気楽器はエレクトリックギターのような、もともと右の４つの分類に入る楽器の、共鳴・増幅を電気的に行うもの。電子楽器は電子回路で波形そのものを作る楽器で、テルミン、シンセサイザー、サンプラーなどがあります。

世界の楽器については、マックス・ウェイド＝マシューズ著『世界の楽器百科図鑑―楽器の起源と発展』（東洋書林）が詳しく、見て楽しいのでおすすめです。また、こちらの動画では、世界の楽器を紹介して音も聞くことができます。

「50 WESTERN MUSICAL INSTRUMENTS | Lesson #1 | Learning Music Hub」
https://youtu.be/FpTlgWy5UUU?si=fzDm-LXq4wR3CE0e

次節からは、代表的な楽器について構造と音色、コンピュータソフトによるシミュレーション具合などについて述べていきます。

ピアノ

ピアノは、西欧クラシックが発達していく基盤になった楽器です。平均律による調性音楽、五線譜による表記との親和性、コンサートホールでの演奏に耐える大音量、大量生産による平準化といった、近代社会の流れにぴったり適合した特徴を持っています。作られた当初は54鍵だったのが、１８９０年代には現在の88鍵にまで拡張されて、Ａ１＝４４０Hzとすると、基音で２７・５Hz～４１８６Hzまでをカバーすることになりました。形状としては、平べったいグランドピアノと縦型のアップライトピアノの２種に大別されます。

ピアノの進化が、実際の演奏によって確認できる動画。「Piano evolution, history of keyboard instruments」
https://www.youtube.com/watch?v=jMwM9AEkzsQ

19世紀から20世紀にかけて、レコードやラジオが発達する前のアメリカ合衆国では、中産階級を中心に家庭でピアノが楽しまれ、楽譜出版社は無数の楽譜（シートミュージック）を販売しました。今日の音楽出版ビジネスは、これが基盤になっています。シートミュージックの内容は現在の芸能レポートのようなもので、恋愛・事件・スポーツ・社会問題と何でもあれ。リンドバーグの大西洋横断飛行やタイタニック号の沈没なども、多くの歌（ピアノ伴奏つき）を生んでいます。

・ピアノの構造

グランドピアノの中を見ると、鋳鉄製の金属フレーム（ほかの金属も配合して音をよくする）に鋼鉄製の弦が張られ（張力は総計で20トンになるという）、駒を通じて響板（スプルースやエゾ松を張り合わせる）に音が響く。響板の下に響棒が貼られ、木の板を貼り合わせ成形されたボディに響く、という流れです。

響板が木製であることによって、音源の金属弦に含まれていた高音成分が抑えられ、木の中域の豊かな柔らかな音色で共鳴するのです。弦は中高域は1音につき3本がセット、低域にいくに従って2本、1本と減っていきます。3本セットにするのは音量のためです。鍵盤を押すとハンマーが弦を打つのですが、このピアノ独特のアクションはフランスのエラールが開発したもので、これで同音連打ができるようになりました。ハンマーは木の周りにフェルトが巻かれており、フェルトは鍵盤を叩く強さに応じてきらびやかな音になります。

さらに、鍵盤ごとアクションをずらしてハンマーの位置を変え、2本の弦にしか当たらなくするソフトペダルや、弾かれていない音を消音するダンパー、ダンパーを解放して音が長く伸びるようにするダンパーペダルなどの、足元で操作するペダル類があります。アップライトピアノではソフトペダルの代わりにハンマーと弦の間にフェルトの布を挟んで音量を下げる弱音ペダルがついています。

ピアノの重量は、グランドピアノで260～420kg、アップライトで200～280kgです。演奏者の立場からすると、ドラマーやギタリストは車で自分の機材を持ち込みますが（ドラムキットで20～50kg、ギターアンプで30～80kg）、ピアノはどうしても演奏会場に設置されているものを使うことになります。

大きさは全く違いますが、金属の複弦を木製の胴体に響かせる、という点ではピアノと12弦ギターは共通しています。

楽器製造メーカーのヤマハは、自社のホームページの「楽器解体全書」で、様々な楽器の成り立ちを解説しています。ピアノのコーナーでは、ハンマーの素材をウレタン、革などに変更して比較した音声ファイルがあり、音色を耳で確認できます。

ヤマハ「楽器解体全書 ピアノ」
https://www.yamaha.com/ja/musical_instrument_guide/piano/

・ピアノをコンピュータでシミュレート

スペクトラソニックス社の「Keyscape」のようなサンプリングソフトの登場によって、アコースティックピアノのシミュレーションは完成の域に達しました。スピーカーやイヤフォンから再生される音であれば、もはや元の音が生演奏なのかソフトウェアの音なのか区別はつきません。

Keyscapeの演奏例。「PHILIPPE SAISSE | Keyscape Sessions」
https://www.youtube.com/watch?v=GLZfKZ8PUE4

フィジカルモデリングによるモダート社の「Pianoteq」も面白い製品です。アコースティックピアノにとてもよく似ているけれどちょっと違う音で、サイボーグ感があり、使える音色です。パラメータのランダム機能も面白く、プリペアドピアノのような風変わりな音を合成することができます。

ピアノ調律師によるPianoteqの解説動画。「Pianoteq Reviewed by a Piano Tech | 1/3 | Tuning, Temperament, Voicing」
https://www.youtube.com/watch?v=G097M4NpZpQ

・ピアノのブランドによる音色の違い

ピアノの4大メーカーといわれるのが、スタインウェイ&サンズ、ベーゼンドルファー、ベヒシュタイン、ヤマハです。この他にもファツィオリなどの高級ブランドがあります。これらは、実際に音を聞くと驚くほど音色が異なり、鍵盤の操作感も著しく違うそうです。

ベーゼンドルファー、スタインウェイ、ヤマハのピアノの比較動画。
「Concert Grand Comparison: Bösendorfer Imperial 290, Steinway D-274 and Yamaha CFX」
https://www.youtube.com/watch?v=T2GYYV8JSqM

・プリペアドピアノ

ジョン・ケージが発明したプリペアドピアノは、弦に釘や消しゴムなど、様々な素材を挟み込むことでピアノから様々な打楽器的なサウンドを引き出すもので、とても新鮮で魅力的な音色が生まれます。もともと、マース・カニングハムのダンス公演の音楽をピアノ一台でやることになったためにケージが編み出した苦肉の策だったのですが、現在ではピアノ演奏法の一つとして、すっかり標準化しています。

ケージのプリペアドピアノ作品には、厳密な素材の設置指定があって、それ自体が音楽作品といえるものですが、次のエイフェックス・ツインの曲は、自分なりのプリペアド設定がオリジナルな音色作りとなっており魅力的です。

エイフェックス・ツインによるプリペアドピアノを用いた曲。「Ruglen Holon」
https://open.spotify.com/track/6OMoAYOv0gUSDMqRFYU7Ct?si=91e55bd6459a4ea7

サンプラーソフトにも優秀なプリペアドピアノの製品があり、新たな音楽創造に役立つ音色のパレットを提供しています。

プリペアドピアノソフトの一例。「UVI IRCAM Prepared Piano 2｜プリセットショーケース」
https://www.youtube.com/watch?v=jlol2iMG6Ek

・ピアニストによる音色の違い

クラシックのピアニストたちの中でも著名な人たちは、必ずその人自身の音色を持っています。マルタ・アルゲリッチ、サンソン・フランソワ、リヒテルの3人で、ラヴェルの「水の戯れ」を聞き比べれば、どれほど音色が違うかが体感できます。

マルタ・アルゲリッチ。「Ravel: Jeux d'eau, M. 30」
https://www.youtube.com/watch?v=nSNGK6dJ0qs

サンソン・フランソワ。「ラヴェル《水の戯れ》フランソワ Ravel "JEUX D'EAU"」
https://www.youtube.com/watch?v=MiC5GKyO-gw

リヒテル。「Sviatoslav Richter - Ravel - Jeux d'eau」
https://www.youtube.com/watch?v=K6XI7sIz7CU

また、ジャズとクラシックを比べると、同じピアノを使っていてもタッチが違っており、「音楽ジャンルの音色」があることがわかります。ですから、クラシックとジャズを行き来できるキース・ジャレットのようなピアニストは、極めて稀な存在です。

さらに、同じジャズの中でもピアニストによって音色はまちまちです。マイルス・デイヴィスの有名なアルバム『Kind Of Blue』では、曲によってウィントン・ケリーとビル・エヴァンスがピアノを弾いているので、聞き比べると違いが楽しめます。

ジャズピアニストのアート・テイタムの驚異的なテクニック。「Art Tatum - Yesterdays 1954」
https://www.youtube.com/watch?v=qOQD558TWSQ

押せば簡単に音の出るピアノですが、美しいタッチを獲得するのはとても難しい楽器です。日本で活躍しているピアニストとしては、フェビアン・レザ・パネがとてもよいタッチを持っているので、一聴をお勧めします。

フェビアン・レザ・パネのボサノバ。「トリステ」
https://www.youtube.com/watch?v=bLu4_RPXoOO

・グレン・グールドの録音術

ピアニスト、グレン・グールドのドキュメンタリー映画『グレン・グールド 天才ピアニストの愛と孤独』には、グールドが小さなホールで録音する場面があります。驚かされるのは、録音している途中で自分から停止し、録音を聞き返して気になるところから弾き直し、2ミックスのテープをスプライシング（カミソリで切って繋ぎ合わせる）していることです。また、曲の途中でホールに設置された複数のマイクのバランスも変更し、例えば、音が長く伸びるところでは奥のマイクを加えて、リバーブ成分を増強したりしているのです。マルチトラックで録音して後から編集するのではなく、演奏しながらエディットをしていくダイナミックなプロセスには、圧倒的なアーティスト性を感じます。同時代のビートルズと似た、録音芸術を作る上でのスピード感と集中力です。

・ソフトピアノの流行

イギリスの作曲家でピアニストのマックス・リヒター。彼が元祖となったと思われるのが、ピアノのハンマーと弦の間にフェルトを挟み、弱く演奏することで得られるソフトな音色です。映画音楽やアンビエントミュージックでここ10年ほど頻繁に用いられ、もはやピアノの基本音色の一つとなりました。この音色専用のソフトもいくつか出ています。

ソフトピアノの一例。「LABS Soft Piano — FREE Download!」
https://www.youtube.com/watch?v=Dssamz-3o2Q

アイスランド出身のオーラヴル・アルナルズは、ソフトピアノ化した自動演奏のアップライトピアノをソフトウェアでコントロールするためのシステムを2年かけて開発しました。アルバムやライブ演奏に役立てています。

「Ólafur Arnalds - Doria (Island Songs VII)」
https://www.youtube.com/watch?v=wFp6xnJbsOw

コンサートピアニストの資質として、大音量で音楽上のドラマを演奏し、ピアノを鳴らしきることがありますが、ソフトピアノは逆のベクトルで、柔らかい音色を美学としています。録音物ではなく、コンサートやライブの現場でソフトピアノの魅力を発揮するためには、ピアノをマイクで集音し、音量を増幅してＰＡから再生する作業が必要になります。

・ピアノの調律

音域の広いピアノの調律（チューニング）は、厳密な倍音関係で行われるわけではありません。中央付近の2オクターブでは、音律通りオクターブを整数倍でチューニングしますが、低域や高域に行くほどオクターブが広がり、低音は低め、高音は高めにチューニングします。この広がっていくチューニングのカーブを調律曲線と呼びますが、ピアノは一台ずつ個性があるので、一律にこの調律曲線に沿うのではなく、個々のピアノの響きに合わせて調律するのが調律師の腕の見せ所といわれます。

また、ピアニストによってはツアーに専属の調律師を同行する場合もあり、ルービンシュタインやホロヴィッツが頼った調律師、フランツ・モアは有名です。彼のインタビューを見ると、ルービンシュタインは弾いた時に少し抵抗感のあるピアノを、ホロヴィッツはタッチが軽く輝かしい音を求めていたそうです。

ピアノを平均律でチューニングし、あらゆるキーに転調することを可能にしたのが西洋クラシックの和声を進化させるきっかけになりました。しかし実際に音楽を演奏する場面では、音楽として「よい響き」にするために、演奏者はしばしば平均律とは違う処理を行います。声や管楽器、弦楽器は演奏者が自分でピッチ調整できるので、ハーモニーを明るくも暗くもコントロールできます。しかし演奏中にピッチ調整を行えないピアニストは、この点で大きなハンディを持っているともいえます。

アラブやペルシャの伝統音楽の音階には、十二平均律ではない中立音（微分音）が含まれ、マカーム（旋法体系）として厳密に運用されています。イランの伝統音楽では、従来サントゥール（後述）が用いられていたのが、20世紀に入ってからピアノも用いられるようになりました。テヘランの高等音楽院のピアノ科の生徒たちは、皆チューニングハンマーを持っており、練習する曲に応じてチューニングを変えます。

ペルシャのチューニングでのピアノ演奏例。同音のトレモロはサントゥールの演奏法のピアノへの応用だ。
「Persian-Tuned Piano - Morteza Mahjoobi - Dashti」 https://www.youtube.com/watch?v=gU8uREFN3CU

・ピアノの先祖たち

ピアノの遠い先祖に当たるのはペルシャのサントゥールで、台形の箱の上に多数の金属弦が張られ、軽い棒状の撥を指に挟んで弦を叩くことで音を出します。これが西に伝わり、ツィンバロムやダルシマー、東に伝わり中国の揚琴（ようきん）や、タイのキムになりました。イタリアでは、オルガンに倣った白鍵と黒鍵を使ったキーボードで演奏するために機械的な仕組みが工夫されて、弦を引っ掻くハープシコードや、チェンバロから弦を叩くピアノフォルテへと発達しました。

サントゥールの演奏例。「persian traditional music santoor and tonbak」
https://www.youtube.com/watch?v=FWadPYy1_Cw

サントゥールの親戚、シリアのカヌーンを演奏する子供の動画。
「Syrian Child playing Qanun like a boss - Amazing, must see!」
https://www.youtube.com/watch?v=JOEB0OtQeBk

クラビコードからピアノへの進化の説明動画。「From the Clavichord to the Modern Piano - Part 1 of 2」
https://www.youtube.com/watch?v=4uCCw_hmlLA

面白い例としては、トルコのカヌーン奏者のアイタッチ・ドアン（１９７６～）が挙げられます。彼はおじいさんに倣ってカヌーン奏者になったのですが、弦にクラシックギターのようなナイロン弦を用い、右手にはマンドリン用のような小さなピックを持っています。テクニックが高く、左手でベンドやポルタメントをかけます。歌い回しはペルシャ風なのですが、彼のカヌーンの調律はほぼ平均律で、トルコのポップソングの伴奏にも対応します。とても音楽性の高い演奏で、心打たれること必定。古い伝統から新しい音楽が生まれています。

「Aytaç Doğan - Kanun Resitali 1 (Full Albüm Video)」
https://www.youtube.com/watch?v=VS3LafxrMls

サンプルライブラリーメーカーの8Dio社や、シネマティークインストゥルメンツ社からは、サントゥール、カヌーン、チター、ダルシマー、カンテレ、ラップハープなど、サントゥールの親戚の民族楽器のソフトがたくさん発売されており、どれも実用に耐えるクオリティです。

ダルシマーのソフト紹介動画。「Hammered Dulcimer Walkthrough」
https://www.youtube.com/watch?v=dCLFFu79hbY&t=1s

・チェレスタ

チェレスタは、パリの楽器制作家ミュステルが19世紀の終わりに発明した楽器です。高炭素鋼をフェルトのハンマーが叩く鍵盤楽器で、仕組みはピアノとよく似ています。金属的なのに柔らかい音色は、実際に演奏するととても魅力があります。楽曲としてはチャイコフスキーの「金平糖の精の踊り（くるみ割り人形）」が最も有名、ジャズやポップスでも稀に使われます。

チェレスタの楽器紹介動画。
「The CELESTA musical instrument - All about the history, sound & more (also spelled Celeste)」
https://www.youtube.com/watch?v=wolvHRGgHGY

・トイピアノ

トイピアノは、子供用のおもちゃとしてアメリカのフィラデルフィアで開発されました。作りが

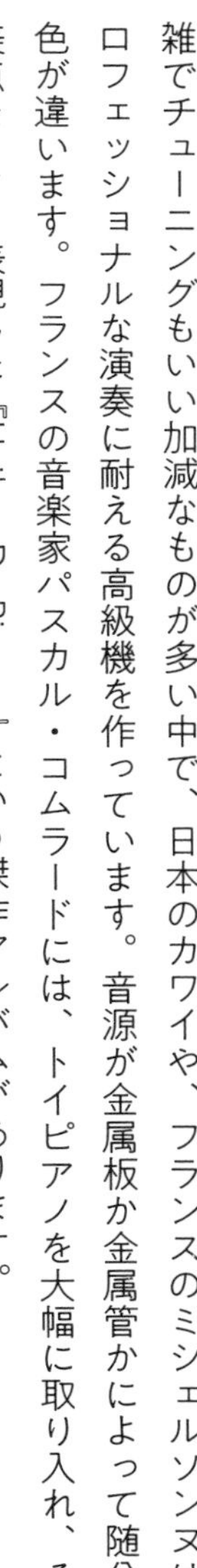

雑でチューニングもいい加減なものが多い中で、日本のカワイや、フランスのミシェルソンヌはプロフェッショナルな演奏に耐える高級機を作っています。音源が金属板か金属管かによって随分音色が違います。フランスの音楽家パスカル・コムラードには、トイピアノを大幅に取り入れ、その美点をうまく表現した『Haikus De Pianos』という傑作アルバムがあります。

「Pascal Comelade - Haikus De Pianos (Full Album)」
https://www.youtube.com/watch?v=JycyHn5kfsM

・電気ピアノ

ピアノは持ち運ぶには重すぎるので、代用楽器としてさまざまな電気ピアノ（音源をピックアップで電気的に増幅するもの）が開発されました。代表的なのがフェンダーのローズ、ウーリッツァーのエレクトリックピアノ、コロンビアのエレピアン、ヤマハのCP-70／80など。音色はそれぞれ個性的で、ローズやウーリッツァーはソフト化され、ポピュラーミュージックにおける定番の音色になっています。

ウーリッツァーにはビブラート（実際上は音量を揺らすトレモロ）、ローズにはビブラートコントロール（これもトレモロ）がついており、この効果も大いに利用されました。また、ローズに「MXR Phase 90」や「Small Stone」などのギター用のフェイザーを繋ぐのもよく使われた手法です。

フェンダーのローズを使った有名曲動画。「Most famous Fender Rhodes Electric Piano Intros」
https://www.youtube.com/watch?v=ikxCXTZLYhQ

ウーリッツァーのエレクトリックピアノを使った有名曲動画。「Most Famous Wurlitzer Electric Piano Intros」
https://www.youtube.com/watch?v=GwPTAwJGX-o

14世紀に発明されたクラビコードはチェンバロの仲間ですが、これはホーナー社によって電気化されクラビネットとなりました。電気化されたことでギターと似た音色が出るようになり、スティーヴィー・ワンダーの「迷信」など、ファンクやソウルミュージックの定番サウンドになりました。

ファンキーなクラビネット曲集。「Funkiest Clavinet Players」
https://www.youtube.com/watch?v=vlLxAULuq9Y

・新定番の電子ピアノ

シンセサイザー／サンプラーの発達で、鍵盤つきの電子ピアノも新しい定番楽器となりました。ヤマハのＤＸ７のエレピやコルグＭ１のピアノなどは、１９８０年代のポピュラーミュージックの顔です。

ここ数年、新しくピアノの音色としてライブ演奏だけでなくスタジオ録音においても基本となる音色の位置を獲得したのがノード社の「Nord Piano」で、ピアノやエレクトリックピアノの代用ではなく、それ自体が魅力のある音色として使われています。有名なアーティストとしてはDOMiが挙げられます。

「DOMi & JD BECK: Tiny Desk Concert」
https://www.youtube.com/watch?v=ANPbOxaRIO0

アコースティックギター

・撥弦楽器の歴史

撥弦楽器の歴史は、古くは紀元前４０００年のエジプトのハープまでたどることができます。アラブ音楽の中心楽器のウードは２０００年以上の歴史を持ち、東は中国のピパ、日本の琵琶へ、西はヨーロッパのリュートへと伝播・変化していきます。

ピパの演奏例。「【琵琶 Pipa】 a beautiful tune of Chinese instrument Pipa」
https://www.youtube.com/watch?v=rOTBtz6ftDg

琵琶の演奏例。「琵琶演奏『祇園精舎』～伝統音楽デジタルライブラリー」
https://www.youtube.com/watch?v=xyUVT8sas6g

中国の三弦、沖縄の三線、日本の三味線などは系統が異なっており、ペルシャのタンブールやイランのセタールが起源のようです。これらは、西に伝わるとギリシャのブズーキになります。竿が長くボディが小さい外形のバランスがよく似ています。

中国の三弦。サイズが大きくチューニングは低い。
右手はサムピックを使っていて、細かいトレモロはピパと共通するテクニックだ。
https://www.youtube.com/watch?v=yIIWV-sGEzA

沖縄の民謡と琉球古典音楽を比較する動画。三線も演奏法が違う。右手のバチに水牛のツノを使うと、音色が深く中域の充実した音になるが、近頃ではギターのピックもよく用いられるようになった。「【比較】沖縄民謡と琉球古典音楽を三線奏者が弾いてみた！【国立劇場おきなわコラボ】」https://www.youtube.com/watch?v=nkIGGr1OpwQ

長唄の三味線を紹介する動画。「伝統芸能・三味線の奏法・表現」
https://www.youtube.com/watch?v=FbOIbsEaISQ

ギリシャのブズーキとアイルランドのブズーキの比較動画。胴の形で音色にかなり差がある。
「Greek Bouzouki vs. Irish Bouzouki」https://www.youtube.com/watch?v=1M2wPNvME20

・ウード

ウードは美しい音色を持ち、フレットレスで、微分音の表現に素晴らしい音楽的深みがあります。ウードの特徴に、ボディが丸みを帯びた梨のような形になっていることが挙げられます。これは細長い木の板を貼り合わせて作られています。この形状は、柔らかく中域の膨らんだ優しい響きをもたらします。

マンドリンには、ウードと同じ形状の梨型のものと背中がまっすぐのフラットマンドリンの２種があり、丸い方はウードと同じく柔らかな響きです。ウードはアラブ・トルコ音楽の基本楽器で、伝統音楽からポピュラー音楽まで広く用いられ、近年では胴体を省略しピックアップをつけたエレクトリックウードもよく使われるようになりました。

ウードの名人、ムニル・バシールの演奏例。「Munir Bashir iraq music」
https://www.youtube.com/watch?v=TpisG2VrQgA

・リュート

リュートはバロック期に隆盛を極めますが、その後衰退します。主な衰退の原因は、音が小さいためだと思われます。20世紀後半の古楽の復興とともに再注目され、現在ではヨーロッパの多くの音楽大学でリュート科が設けられています。リュートの弦の数やチューニングはまちまちですが、6弦のルネサンスリュートは基本四度で、3弦と4弦の間隔が三度、ギターの標準チューニングと比べると三度の位置がずれています。ピッチはA＝440Hzのほか、半音単位でずらした414、466、392なども用いられます。

リュートとギターを比較した動画。「Lute VS. Guitar」
https://www.youtube.com/watch?v=qmrYt5eOIlk

・ガット／ナイロン弦のギター

ナイロン弦（昔は羊の腸で作ったガット弦）の6弦ギターが今の形に落ち着いたのは、スペインで19世紀の後半あたりです。フレットがそれまでのガットから金属になり、低音弦には金属が巻かれて巻き弦になり、ボディが大型化、弦の長さも伸びて、音量が大きくなりました。

19世紀のスペインのギター制作家で現在のギターの生みの親、アントニオ・デ・トーレスのドキュメンタリー動画。英語だが、シンプルでわかりやすい。「Antonio De Torres - Father of the Spanish Guitar - Documentary」
https://www.youtube.com/watch?v=PLozRotlLsg

スペインのクラシックギタリスト、カルレス・トレパトはわざわざ胴体の小さなヒストリカルモデルのギターにガット弦を張って演奏します。コンサートでは、音量が小さいのでマイクから音を拾いアンプで増幅していますが、たいへんに奥ゆかしく心に響く音色です。

カルレス・トレパトのコンサート動画。「CARLES TREPAT - Teatro Colón A Coruña 2014」
https://www.youtube.com/watch?v=luKquWe89jo

・バンジョー

アメリカに伝わったギターは、バンジョーの影響で金属弦に変化し大音量化しました。ここでバンジョーの歴史を少し述べておくと、起源は奴隷として連れてこられたアフリカ人たちが故郷の楽器を模して作ったもので、19世紀のミンストレルショーでの中心楽器でした。その後、カントリー、ブルーグラス、ディキシーランドで多用され、現在でも用いられています。

胴体がスネアのようになっており、共鳴によって音が大きいのですが、音が伸びないので右手の早い動きで音数を多く演奏します。現在の演奏法は、アール・スクラッグスが開発した右手の親指・人差し指・中指にピックをつけるやり方が一般化しています。

バンジョーの歴史動画。「Bill Evans Tells the History of the Banjo in 14 Minutes」
https://www.youtube.com/watch?v=rhcBAOWRm88

アール・スクラッグスの名演。「Foggy Mountain Breakdown」
https://www.youtube.com/watch?v=z_Y3mnj-8lA

・カバキーニョ、ウクレレ

ギターの強みは、これ1台でメロディから伴奏まで音楽を完結できることと、ピアノに比べればはるかに軽くて持ち運びが簡単なことです。ポルトガル起源の小型ギター（4弦のブラキーニャ）は船員経由でブラジルやハワイに伝わり、カバキーニョやウクレレになりました。

カバキーニョの紹介動画。「A Cavaquinho Mini Lecture with Daniel Duarte」
https://www.youtube.com/watch?v=V1vMl4BcEVE

ウクレレの歴史紹介動画。「History of the Ukulele in Two Minutes」
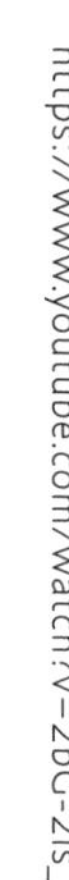
https://www.youtube.com/watch?v=2bG-2is_Z9c

・スライドギター

鉄弦のアコースティックギターのユニークな奏法として、スライドギターと呼ばれる金属の棒をギターの上でスライドさせるやり方があります。これは、しばしばギターを平置きで演奏されます。のちに電気化されてハワイアンギターやペダルスティールギターとなりました。ボリュームペダルを使うことで音のアタックを消し、オルガンのような滑らかなサウンドを得ることができます。

スライドギターの起源については、ハワイ説と南部の黒人ブルース説がありますが、今のところ定説は定まっていません。

平置きでスライドバーを使って演奏するアコースティック楽器、ワイゼンボーンの演奏例。「Ed Gerhard performs "Killing the Blues" for Peghead Nation」
https://www.youtube.com/watch?v=Hrz5P0dfdfU

スティールギターの歴史紹介動画。「The History of the Steel Guitar with Mike」
https://www.youtube.com/watch?v=F6kSYawvCro

カントリーブルースでのスライドギター（ボトルネック奏法）は、現在に至るまで一つの大きなスタンダードになっています。ロバート・ジョンソンやチャーリー・パットンのギターの音色は、歌とのアンサンブルとしても必聴です。

「Robert Johnson- Crossroad」
https://www.youtube.com/watch?v=Yd60nI4sa9A

楽理的に考えてもすごい。「Charley Patton - Spoonful Blues (Delta Blues 1929)」
https://www.youtube.com/watch?v=EyIquE0izAg

・アコースティックギターのメーカー

ギブソン（１９０２〜）とマーティン（１８３３〜）はアコースティックギターの２大ブランドですが、音のキャラクターは随分異なり、ギブソンの方が中低域に厚みがあり、マーティンの方が高域がきらびやかです。また、ネックの形状も異なり、ギブソンの方が左手に力が必要です。テイラーは１９７４年創設の新しいメーカーですが、安定した作りと、きらびやかかつ、まとまりのあるサウンドで全米で一番売れているアコースティックギターメーカーになりました。

ギブソン、テイラー、マーティンの音色比較動画。「Gibson J-45 vs Taylor 314ce vs Martin D-18」
https://www.youtube.com/watch?v=TB2CgqKIyfo

他にもエピフォン、ヤマハ、ヤイリなど内外に魅力的なアコースティックギターメイカーはたくさんあり、それぞれ異なる音色を持っています。ギタープレイヤーのアーティストとしての魅力とも繋がっていて、１９７０年頃のバート・ヤンシュのヤマハ ＬＬ－11は、独特の枯れた魅力を持っています。

バート・ヤンシュの１９７３年のライブ映像。「Bert Jansch - Blackwaterside (Live Norwegian TV '73)」
https://www.youtube.com/watch?v=FHYE7etshpM

また、１９６６年に創業したオベーションは、ヘリコプターの羽根を作っていた親会社の技術を生かして、ボディに「リコラード」というガラス繊維強化プラスチックを用い、音響も計測して独特のラウンドバックの製品を売り出しました。オベーションギターの最上の音色は、ジョン・マクラフリンのアルバム『My Goal's Beyond』で聞くことができます。

アナログレコードでB面になるアルバム後半の一人二重奏が素晴らしい。「Goodbye Pork Pie Hat」
https://www.youtube.com/watch?v=-oDDTZYBNWU

・変則チューニング

　スティール弦のアコースティックギターの大きな魅力の一つに、変則チューニングがあります。弦のチューニングを変えることでスタンダードチューニングでは得られないドローン効果が得られます。ニック・ドレイクの「River Man」や、ジョニ・ミッチェルの「Amelia」などはその白眉でしょう。

「River Man」のギター解説動画。「How to play River Man by Nick Drake」
https://www.youtube.com/watch?v=Hdn1hxd77MQ

ジョニ・ミッチェルの変則チューニングについての、かなり詳しい動画。「How To Play Joni Mitchell Songs」
https://www.youtube.com/watch?v=zyDW7lslN5Y

・ライブにおけるアコースティックギターの集音

　ライブでバンド演奏をするときのアコースティックギターの集音は長年の問題でした。ピエゾ式のピックアップを使うとフィードバックをかなり防げるのですが、ピエゾ独特の「ニイー」という音色はなかなか受け入れられません。ゴダンの近年の製品は、ピエゾピックアップの改良とギター内部のコンデンサーマイクとのミックスによって、ほとんどフィードバックの心配なくアコースティックギターの生の音色（ナイロン弦・鉄弦共に）を、ライブで増幅して演奏できるようになりました。

ゴダンのナイロン弦ギターを3年使ったギタリストのレポート。「音質は素晴らしいのだが、電池が減るのが早い」とのこと。「Three Years with a Godin Multiac Electric Nylon String Guitar」
https://www.youtube.com/watch?v=Cg1EOaJu18A

・アコースティックギターをコンピュータでシミュレート

さて、アコースティックギターをシミュレートするソフト音源の現状はどうでしょうか？ ナイロン弦ギターのプラグインソフトとして、Pianoteq 8 の「Classical Guitar」はかなり近いところまできています。他方、サンプルライブラリー各社からは、ほぼ生と聞き分けることのできない製品がいくつも出ています。

ナイロン弦ギターの音源6種の比較動画。「Comparing 6 Nylon Guitar VSTs | Which One is Best?」
https://www.youtube.com/watch?v=l44S6kMUB88

スティール弦の方はといえば、アンプルサウンド、ミュージックラボ、8Dio、ネイティブインストゥルメンツなど色々なメーカーから、ギブソン、マーティン、テイラーなど機種まで特定できるサンプルライブラリーが出ています。演奏法の指定も細かくでき、右手のストロークの範囲まで指定できます。アコースティックギターの演奏法を心得ている人ならば、さほど苦労することなしに生演奏と聞き分けることのできない打ち込みギターを作ることができます。

ストローク専用音源のレビュー動画。「Session Guitarist - Strummed Acoustic 2: Demo & Review」
https://www.youtube.com/watch?v=dRE-_FYtDQQ

エレクトリックギター

１９５０～80年の間、ポップミュージックを牽引した主な楽器はエレクトリックギターでした。エルヴィス・プレスリー、ビートルズ、ジミ・ヘンドリックスなどが開拓したロックの世界は、エレクトリックギターの使い方と共に歩んできたといえます。それまでトランペットやサックスによって支えられていた華麗なジャズサウンドはギターアンプから出てくる大音量のサウンドに取って代わり、歌の伴奏は少人数のコンボ形式になることが多くなりました。80年代以降は、シンセサイザーやサンプラーなどの電子楽器の発展と共存する形で、アンサンブルの一角を担い今日に至っています。

エレクトリックギターの歴史。「The History of the Electric Guitar | 1920 - 2019」
https://www.youtube.com/watch?v=685Chb0qZvY

・代表的なエレクトリックギターサウンド

さて、現在用いられることの多い代表的なエレクトリックギターサウンドは、次のようになります。

①クリーン

ジャズやR&B、ファンクなどで用いられる素直なサウンドで、音が潰れていないのが特徴。ギブソンES-150のような大きなボディにフラットワウンドの太い弦を張る伝統的なジャズのスタイルから、ES-335のようなセミアコースティックモデル、フェンダーのストラトキャスターのようなソリッドボディで軽くカッティングするナイル・ロジャーズのようなスタイルまで、ギターの形状・マイクの種類・ピックの使い方までまちまちですが、ギターアンプから出てくる音がクリーンだという点が共通しています。

ギター用のピックアップで弦の振動を電気信号に変換し、ギターアンプで増幅して音を出す、という仕組みなので、クリーンな設定にしていても中域の膨らんだ音色で元のアコースティック状態のサウンドとはかなり違います。エレクトリックギターの音色作りの大きな要素になるエフェクターに関しては、ギターからアンプまでケーブル1本でストレートという場合も多いですが、間にコンプレッサーを挟むこともよくあります。[*]

* ポピュラーミュージックにおけるクリーンなギターの演奏法は、以下のリットーミュージックからの3冊で見当がつきます。竹内一弘『ギター演奏の常識が覆る! 99%の人が弾けていない「本当のグルーヴ・カッティング」』、竹内一弘『R&Bギターの技法』、鳩山薫『ジョアン・ジルベルト〜ボサ・ノヴァ・ギター完全コピー』

②クランチ

少し歪んだサウンドで、弾き方の強い・弱いで色々なニュアンスが出せる、ロックっぽいエレキギターの基本サウンドです。ドラムと混ざると、クリーントーンのエレキギターは薄っぺらく聞こえることがあるのですが、アンプの設定やエフェクターで少しだけ歪ませたクランチサウンドにすると、アンサンブルの中では存在感のあるクリーントーンに聞こえます。

またよくあるトーンセッティングの一つとして、ギターのボリュームをフルにしておくとディストーションサウンドになるようにしておき、ギター本体のボリュームを絞るとディストーション↓クランチ↓クリアとサウンドが変化することで演奏にニュアンスをつけていくスタイルがあります。ジェフ・ベックやデレク・トラックスはこのやり方を非常にうまく取り入れています。

ジェフ・ベックがギターの音色について解説する、珍しい映像。
「1974: JEFF BECK's Guitar Setup | Five Faces of the Guitar | Classic BBC Music | BBC Archive」
https://www.youtube.com/watch?v=t7nPOxwgTY0

③ディストーション
ロックのリードギターの定番。不思議なもので、歪ませすぎるとコードバッキングなどではかえって迫力が感じられなくなります。ギターとアンプの間に挟むエフェクターが発達して、アンプの音量を上げなくてもディストーションサウンドが手に入るようになりました。同じディストーションという名前でも、メーカーや製品によってサウンドはまちまちで、大抵のギタリストは数種類のディストーションを併用しています。

ディストーションサウンドの特徴は何といっても音が長く伸びることで、歌や管楽器のような表現が可能になりました。高域の強い耳にうるさいサウンドになりがちなのですが、エリック・クラプトンはギターのトーンを絞り込むことで耳に優しい「ウーマントーン」を開発、アラン・ホールズワースやエリック・ジョンソンのような柔らかなディストーションサウンドの系譜に繋がっています。

ギターサウンドのバリエーションの参考動画。エレキギターは生ですが、エフェクトやアンプはDAWのプラグインソフトです。「Native Instruments Guitar Rig 6 Pro - Sound Demo (no talking)」
https://www.youtube.com/watch?v=rpAW4T4dMRc

・ギターの種類による音色の違い

レスポール、ES－335、ストラトキャスター、テレキャスター、ジャズマスター、これらはすべて有名なエレキギターの製品名で、それぞれ音色がかなり違います。エレキギターに詳しい人なら、エレキギターの入っている曲を少し聞けばギターの種類がだいたい判別できます。ボディの材料・形状やピックアップの種類によって音色が決まってくるのです。

１９８０年以降の新しいデザインのものは、合理的で音もよく弾きやすいのですが、個性に乏しくなってしまいました。デヴィッド・リンドレーやマーク・リボーのように、個性的な音色を求めてビザールギターと呼ばれるようなマイナーな製品（しばしば音に癖があって弾きにくかったりする）にこだわるアーティストもいます。

レスポールとストラトキャスターの音色を比較したのが次の動画です。ちゃんとクリーン、クランチ、ディストーション（動画ではドライブ）の３種の音を比較しており音色の違いが明確です。57

「フェンダーストラトキャスターとギブソンレスポールを比べてみた！」
https://www.youtube.com/watch?v=7xpuwuSWuGA

こちらはフェンダーのジャガー、ジャズマスター、ムスタングの音色比較動画です。

「Fender Jaguar Fender Jazzmaster Fender Mustang guitar comparison by Guitarbank」
https://www.youtube.com/watch?v=WD5bq33_EY0

・アンプとエフェクターの発達

１９８０年代以降のエレキギターの音色の幅の広がりは、アンプとエフェクターの発達によるところが大きく、シンセサイザーと同じくらい多種多様な音色を持つようになりました。

マエストロ鈴木茂自身が語るエフェクターとアンプのセッティング。貴重で必見！
「激レア！鈴木茂本人解説ライブ用機材vol.1」 https://www.youtube.com/watch?v=HzIQVXyjdPo

デジタル技術の発達はここでも大きな力を持ち、いろいろな種類のアンプをシミュレートできるデジタルアンプや、各種のエフェクターはもちろん、アンプやスピーカーまでもシミュレートしたデジタルマルチエフェクターも登場しています。

ギターアンプとエフェクターのシミュレーションソフトの一例。「Positive Grid - Bias FX 2 - Sound Demo (no talking)」

https://www.youtube.com/watch?v=UanBoODDJnI

・アーティストによる音色

エレキギターの世界は、アーティストごとにはっきりと個性的な音色を持っており、有名なギタリストだとちょっと音を聞いただけで誰の演奏か判別できます。クリーム時代のエリック・クラプトンは多数のフォロワーを生みましたが、その中でもクレム・クレムソンやミック・テイラーはそれぞれの音色と味を持っています。YouTubeには、色々なギタリストの音色・テクニックの解説動画があり勉強になります。

ウェス・モンゴメリーの親指ピッキングの解説動画。「Wes Montgomery thumb technique lesson - Lindsey Blair」
https://www.youtube.com/watch?v=CTfuvCVBopU

「パット・メセニーのように聞こえる」動画。「how to sound like Pat Metheny」
https://www.youtube.com/watch?v=bHpWmKcOol0

・ベトナムのダン・バウ

ベトナムの単弦の撥弦楽器ダン・バウは、長い歴史を持つもので、小音量で盲目の演奏家の楽器でした。これにピックアップを取りつけ電気化することで拡がりつつあります。ハーモニクスを多用し、弦に繋がったバーを揺することで美しく歌うことができます。テルミンに似ていますが、テルミンよりもシャープで多様な演奏のできるメロディ楽器です。

ダン・バウのデモ演奏動画。
https://www.youtube.com/watch?v=o2PDa3sLdXo

・エレクトリックギターをコンピュータでシミュレート

サンプリングやフィジカルモデリングの技術で、エレクトリックギターの音色も本物とほぼ区別がつかないところまでシミュレートできるようになりました。ギターの機種別にたくさんソフトが開発されています。難点は、バイオリンなどと同様にていねいなプログラミング（打ち込み）が必要になることで、ギターを少し弾ける人なら実際に演奏したものを録音・エディットしたほうがはるかに早いところです。

アンプやエフェクターのシミュレートはここ数年でとても進み、音の厚みや微妙な音色変化はもう区別がつかなくなりました。演奏者の気持ち次第ですが、ベテランのギタリストでもギターの出力をコンピュータに繋ぎ、コンピュータからの音をPAや自分のモニターから出す（ギターアンプやエフェクターを使わない）人も増えています。ロンドンの若手、トム・ミッシュのホームスタジオでの曲作り動画を見ると、コンピュータにエレクトリックギターを直刺しして気持ちよさそうにプレイしています。

トム・ミッシュのホームスタジオでの作業動画。「Tom Misch - Against The Clock」
https://www.youtube.com/watch?v=4CGBfbB4gOY

複弦の弦楽器たち

12弦ギター、マンドリン、ブズーキといった弦楽器は、同じ高さの弦がすぐ近くに張ってある複弦になっています。12弦ギターは、普通の6弦ギターと同じ弾き方で演奏できます。複弦の効果は、音量が大きくなることと、複弦の微妙な音程のズレから生まれるコーラスサウンドです。

スペインのギターは、かつては小型で複弦の楽器でした。12弦ギターは1・2・3が同音、4・5・

6がオクターブの複弦なので、普通にコードを弾いても、4・5・6弦の高い方の音が、1・2・3弦の音と絡んで豊かな和音を形成します。


12弦ギターならではのハーモニー解説動画。

「How to Best Play The 12-String As A Rhythm Guitar (Harness Its Full Power)」

https://www.youtube.com/watch?v=merBVAwBte8

「A Hard Day's Night」のイントロ分析動画。「Opening Chord : A Hard Day's Night - The Beatles」
https://www.youtube.com/watch?v=pNnIPpLZaUg

キューバの魅力的な複弦楽器、トレスの演奏例。「Tresero Elder Gonzál ez Aquino 2014 | Tres Cubano | Cuban Tres」
https://www.youtube.com/watch?v=i8DNa9JWK7s

ナイロン弦の複弦が魅力的な音色を生む南米のチャランゴ。「ボリビア：チャランゴ弾きのおじさん」
https://www.youtube.com/watch?v=z4bSJ5vhlpI

ピアノも、低い方は2弦、高い方は3弦の複弦なのですが、チューニングを厳密に合わせるのでコーラス効果は目立ちません。ホンキートンクピアノと呼ばれるピアノの音色は、調律をしないまま長く引かれることでちょっと調子の狂ったピアノから出るコーラス効果抜群の音です。

ホンキートンクピアノの演奏例。「Maple Leaf Rag on a Real HONK TONK Piano | Vinheteiro」
https://www.youtube.com/watch?v=6HfqLUOzzg0

バイオリン属

・バイオリン属色々

現在は、バイオリン、ビオラ、チェロ、コントラバスの４つが中心となって演奏されていますが、15～18世紀にはフレットつき、６弦でなで肩のビオラ・ダ・ガンバ属も用いられていました。衰退したのは音が小さいからで、大音量化の要求に対してバイオリン属はネックの取りつけ角度を深くし、駒を高くし、本体内部のバスバー（表板の裏につける補強材）を太くしています。ですから、有名なストラディバリウスもガルネリも、当初は今とは異なる平べったい形状でした。また、弓もより力がかけられるように、順反りから逆反りの形に変更されました。

バロックバイオリンと弓の紹介動画。「The Baroque violin and bow | Netherlands Bach Society」
https://www.youtube.com/watch?v=MEOgzUkD-lY

古い時代の楽器を復元し、その時代の作曲家たちの曲を研究・演奏する古楽アンサンブルも現在多数生まれています。イギリスのオーケストラ・オブ・ジ・エイジ・オブ・エンライトメントは、そのYouTubeチャンネルでビオラ・ダ・ガンバなど多数の古楽器を紹介する動画を発表しています。

とても面白いですし、当時の穏やかな音楽がとても魅力的です。

「Orchestra of the Age of Enlightenment」
https://www.youtube.com/@oae

バイオリンに似た形の民族楽器は世界中に多数分布しており、その多くは立てて引く形です。イスラム圏で広く使われていたラバーブが中世にヨーロッパに伝わり、バイオリンやビオラ・ダ・ガンバの元になりました。ウズベキスタンのギジャック、中国の二胡、ベトナムのダン・ニー、韓国のヘグム、日本の胡弓など、少しずつ形状も音色も異なりますが、それぞれに魅力的です。中国から日本までの東アジアの2弦の擦弦楽器は、モンゴル系の遊牧民族、奚が作ったものが東アジア全般に伝わったとされています。

ウズベキスタンのギジャックの演奏例。「"Chapandoz" - Ulmas Rasulov plays in Gijjak.」
https://www.youtube.com/watch?v=WArNSAJzCMw

中国の二胡の演奏例。弓を弦の間に挟み、弾き分けるのが大きな特徴だ。ポルタメントやプリングオフによるメロディの歌わせ方にはっきりとした美学がある。「Fiddle (erhu), China, 19th century」
https://www.youtube.com/watch?v=thqUc1bf8IU

ベトナムのダン・ニーでポップスを演奏している例。
https://www.youtube.com/watch?v=fXUsfFlnyz0

韓国のヘグムの演奏例。中国の二胡と違い、駒の下の共鳴体が革ではなく板が貼ってあり、ザラザラした音色になる。また、音程をジャンプする強いポルタメントや、持続音での速くて深いビブラートも独特の歌い回し。「Haegeum Sanjo」https://www.youtube.com/watch?v=OfsFoUell4Y

日本の胡弓の演奏例。ほぼ三味線を小型化した構造で、駒にカーブがつき、一弦ずつ弓で弾き分けることを可能にしている。弓の角度は一定で、本体の方を回して演奏するのが独特。左手のテクニックは三味線に近い。「胡弓いま⇔むかし~伝えたい音、今奏でる~第二章：胡弓の本曲」https://www.youtube.com/watch?v=1163UYXXvnA

インドには、もともとサーランギーという縦に弾く擦弦楽器があったのですが、18世紀末に東インド会社から持ち込まれたバイオリンはあっという間に古典音楽に持ち込まれ、脚と胸で支え左手のスライドを自由にする独自の奏法で、インド音楽ならではのポルタメント（音程のスライド）を獲得しました。ビョークの「Venus As A Boy」はボリウッドのストリングスをフィーチャーして、このポルタメント感を世界に知らしめました。

サーランギーの演奏例。本体に多数の共鳴弦が仕込んであり、メロディに応じて響くのが美しい。音量はとても小さい。「サーランギーの演奏をきく」https://www.youtube.com/watch?v=jeRAHeS0ovs

インドの古典音楽でのバイオリン使用例。5弦で、ピックアップをつけＰＡで音量を増幅している。「Thrilling Alapana Ganesh & Kumaresh | Raga Abheri | Indian Classical Music」https://www.youtube.com/watch?v=4_dlOZW_zw4

・バイオリンの名人たち

古のパガニーニから今に至るまで、クラシックのソロ楽器の花形として数多くの名人が活躍してきた中で、音色の観点から際立った人を一人だけ挙げるとすれば、ロシアのオデッサ出身のダヴィッド・オイストラフではないでしょうか。学生時代にビオラを学んでいたせいなのか、音色が太く艶があり、ハイポジションでもまったくキンキンした音がしません。同じくバイオリニストの息子イーゴリや、弟子のギドン・クレメールと比べても音色の豊かさがまったく違います。おそらく大きな体格・太くて柔らかい指といった要素も大きく、最近の若手の中ではノルウェーのバイオリニスト、ヴィルデ・フラングが恵まれた体から太い音色を生み出しています。

ダヴィッド・オイストラフのラヴェル。「M. Ravel - Sonata for Violin and Piano n.2 in G major, Oistrakh, Frida Bauer (LIVE)」
https://www.youtube.com/watch?v=ewEXdGNGIW4

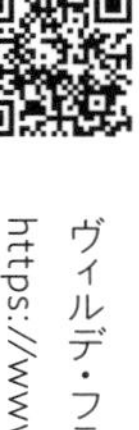

ヴィルデ・フラング のバルトーク。「Sonata for Solo Violin, Sz. 117: III. Melodia. Adagio」
https://www.youtube.com/watch?v=4Azifjszxac

ステファン・グラッペリはフランスのジャズバイオリニストで、ギターのジャンゴ・ラインハルトと組んだフランス・ホット・クラブ五重奏団での演奏は偉大な業績です。長いキャリアの中で、優雅にスウィングする彼のバイオリンの音色は人々を魅了してきました。

ステファン・グラッペリについてのＢＢＣドキュメンタリー。「MEETING GRAPPELLI - BBC Arts Documentary 1993」
https://www.youtube.com/watch?v=4SqMWpCcP50

イタリアのプログレバンド、ＰＦＭ（プレミアータ・フォルネリーア・マルコーニ）で有名になったマウロ・パガーニの同名ソロ・アルバムは、地中海音楽とジャズロックがミックスされた傑作で、マウロ・パガーニのアコースティックバイオリンによる強烈な演奏を満喫することができます。

『Mauro Pagani』
https://open.spotify.com/album/6JVbUB8Qpv7vBoPxXf5RBd?si=0RrVSyzuSLeqq8xE7QyQYg

アイリッシュトラッドでもフィドル（バイオリン）は重要な役割を果たしてきました。チーフタンズの演奏では、ダンス曲やバラッドでのフィドルのソロを聞くことができます。

チーフタンズのメドレー曲で各楽器がフィーチャーされる。「The Chieftains best tune - Drowsy Maggie」
https://www.youtube.com/watch?v=oLqSXDi8SoE

ルイジアナのケイジャン音楽復興の鍵となったマイケル・ドーセットのフィドルも素晴らしいです。ケイジャン音楽ではキーがＣのアコーディオンが用いられることが多く、バイオリンもドローン効果のために、全音下げのＤＧＣＦにチューニングされることが多いです。また、変則チューニングのＤＧＤＧもよく用いられます。

マイケル・ドーセットのインタビュー動画。終わりに2曲フィドルのデモ演奏がある。
「Michael Doucet talks Cajun fiddle with Chris Haigh」 https://www.youtube.com/watch?v=f1VBmhAIRLA

クラシック界においても、パトリシア・コパチンスカヤのような、民俗フィドル的表現をする人が出現しています。モルドバ出身で、両親が民族楽団で演奏していたことが大きく影響していると思われ、バルトークやリゲティの楽曲の演奏がおもしろいです。

バルトークの「ルーマニア民俗舞曲」。
「Patricia Kopatchinskaja & Paolo Giacometti - Béla Bartók - Roemeense Dansen | Podium Witteman」
https://www.youtube.com/watch?v=xse8CgUnlyM

リゲティの「Balada si joc」。「Patricia Kopatchinskaja & Sakari Oramo: Ligeti Duo "Balada si joc" Encore with conductor」
https://www.youtube.com/watch?v=X-qsEoaqRds

スイスの作曲家／バイオリニストのパウル・ギーガーは、特製の11弦アコースティックバイオリン（演奏用の5弦＋共鳴用の6弦）を使い、響の多い教会やホールで独自のドローンミュージックを演奏しています。

パウル・ギーガーのベルンでのコンサート動画。「NaturTonNight99 - Paul Giger」
https://www.youtube.com/watch?v=xLpJRrrw3zI

マーク・フェルドマンは現代音楽とコンテンポラリージャズの境界線で見事なバイオリンソロのアルバムを作っています。

ジョン・ゾーンのレーベル、ツァディク（TZADIK）からのソロアルバム。すべて自作曲でテクニックが凄い。『Music For Violin Alone』
https://open.spotify.com/album/7nYLCrNRTHDS9T5zmBb3Ea?si=zeVs5gVaRMCCAYG5fT6N1A

・ビオラ

構造的に、ビオラの音域であればボディがもっと大きい必要があるのですが、肩に乗せる演奏法では現在のサイズを超えると左手が不自由になってしまいます。その結果、ビオラは十分な共鳴が得られないくすんだ音色になりがちで、ソロ曲のレパートリーに恵まれてきませんでした。しかし、スコットランド出身のウィリアム・プリムローズの登場によって、ビオラは独奏楽器としての地位を確立しました。

プリムローズのドキュメンタリー動画。彼は特別手が大きかったのだそうで、納得。
「William Primrose, Violist from Master Performer Series」https://www.youtube.com/watch?v=S2inq6f_GyM

アメリカ合衆国出身のキム・カシュカシャンのアルバム『アストゥリアーナ〜スペインとアルゼンチンの歌』では、ピアノをバックにビオラの豊かで深い音色を楽しむことができます。

「Kim Kashkashian / Robert Levin - Asturiana」
https://www.youtube.com/watch?v=tQ9zOLlYfll

バイオリン属の中には、バリトンバイオリンと呼ばれる、バイオリンよりも1オクターブ下（ビオラより完全4度下）を出す楽器があります。そのままボディを大きくすると、左手が届きにくく弾きづらいのですが、近年ボディを斜めに歪めたものがあって、これは低音も豊かでビオラ奏者なら弾き易いものになっています。

バリトンバイオリンの演奏例。「BALTAZAR MONTANARO-NAGY, SOLO BARYTON」
https://www.youtube.com/watch?v=YykYtAvWqIU

・チェロ

楽器の王様と呼んでもいいほど、音量の大きさ、音域の広さ、音色の豊かさを兼ね備えた楽器です。チェロが登場したのはバイオリンと同じく16世紀のはじめです。エンドピンが使われるようになったのは19世紀後半で、それまでは両足に挟み、宙に浮かんだ状態で演奏されていました。バイオリンやビオラと同じく、大音量化の要請からネックの角度が深くなり、胴の中の魂柱（こんちゅう）や力木（ちからぎ）も太くなっています。ソロ楽器としての地位を確立したのは、パブロ・カザルスのおかげで、彼がバッハの「無伴奏チェロ組曲」を世に広めました。

アメリカのインディアナ出身のデヴィッド・ダーリングは、ECMレーベルを中心に、チェロの多重録音による独自のニューエイジミュージックを作り続け、この種のものとしてはもっとも聞き応えがあります。

「David Darling - Stones Start Spinning (Official Music Video)」
https://www.youtube.com/watch?v=fvftauNe_U0

指で弾くピチカートの音色も魅力的で、レディオヘッドのジョニー・グリーンウッドは、映画『パワー・オブ・ザ・ドッグ』のサウンドトラックでとてもうまくチェロのアルペジオ（自分でギターのように弾いている）を使っています。映画のサウンドトラックは、テーマ曲にどの音色を起用するかがとても重要で、最初バンジョーを使っていたのを途中でチェロに変更したジョニーの判断には敬服します。

「Jonny Greenwood - 25 Years - The Power of the Dog (Music From The Netflix Film) - Single」
https://www.youtube.com/watch?v=pVPMN89JADE

「草原のチェロ」と呼ばれるモンゴルの馬頭琴（モリンホール）も、チェロの音域の魅力をよく表わしています。演奏の弾むリズムは、いかにも馬に乗っているイメージです。

「モンゴルの人間国宝の馬頭琴演奏」
https://www.youtube.com/watch?v=nyE7hbltiGU

・コントラバス、ウッドベース、ダブルベース

バイオリン属の低音楽器ですが、チューニングは下からＥＡＤＧの4度系で、他のバイオリン属が5度系なのと異なり、実はビオラ・ダ・ガンバ属の低音楽器がバイオリン属に横滑りしたのだそうで、肩のなだらかなカーブはその出自を語っています。オーケストラの中では、バイオリン属は音量が小さい（トランペット一つとバイオリン8台が同等）という問題があり、大編成のものだとコントラバスは8～18台必要になります。弦楽だけの編成だと1台でも大丈夫なのですが。

ジャズでもコントラバス、ウッドベース、ダブルベースが用いられますが、音量が稼げないので昔のベース奏者は大抵チューバ（音が大きい）も演奏できたそうです。１９６０年代以降は、ウッドベースにもピックアップが取りつけられ、ベースアンプから音を出すことで音量が稼げるようになりました。

音量が稼げ、リズムもわかりやすくなるダブルベースでのスラッピング例。「Most people play the bass, I like to SLAP the bass!」
https://www.youtube.com/watch?v=xalLLOIR_ko

ジャズの領域においては、名ベーシストがたくさん生まれ魅力的な表現が確立されました。具体例として、ビル・エヴァンス・トリオでのスコット・ラファロの演奏と、アルバート・アイラー・トリオでのゲイリー・ピーコックの演奏を取り上げておきたいと思います。

ビル・エヴァンス・トリオ。『Sunday At The Village Vanguard』
https://open.spotify.com/album/2OONXWjxrJhlX3rfNeAbSO?si=aAKKX-o1SGOAubjTmwNWHw

アルバート・アイラー。『Spiritual Unity』
https://open.spotify.com/album/0X7WwByQT7NxJNhb8iHJ3K?si=n3UaJuyBTK6nfZ4eEE2P4w

・エレクトリックバイオリン

トランペットやサックスが花形楽器になったモダンジャズや、さらに大音量化したロックのアンサンブルの中では、音の小さなバイオリンは分が悪く、エレクトリックギターのようにピックアップをつけてアンプから音を出す試みがたくさんありました。中域が分厚くなるのはいいのだけれど、ダイナミックスの幅が狭く、ギスギスしがちでよい音色になかなかならず、成功例はとても少ないです。

ジョン・コルトレーンのテナーサックスのニュアンスをうまく再現したジャン・リュック・ポンティと、エレクトリックな音色作りの上手いエディ・ジョブスンは例外的にうまくいきました。

ジャン・リュック・ポンティのモダンジャズ。「Cat Coach」
https://www.youtube.com/watch?v=Z_OjcUH7VQo

近年では、小型コンデンサーマイクを専用のアダプターでバイオリン本体に取りつける「DPA VO4099」のような製品が開発されたおかげで、アコースティックバイオリンをドラムやエレキギターに負けない音量でライブ演奏できるようになりました。カントリー、ジャズなどの領域でも普通に活躍できる環境が整っています。マーク・フェルドマン（ジャズ）、ヒカルド・ヘルス（ブラジル風ジャズ）、ロビー・ラカトシュ（ジプシー・バイオリン）などは、いずれもこのような小型高性能マイクの恩恵を受けています。

ヒカルド・ヘルス。「Ricardo Herz Trio | Chamaoque?」
https://www.youtube.com/watch?v=pHit_EwVSEo

エレクトリックバイオリンのよさは、むしろそのギスギスした攻撃性にあるとも考えられ、その意味ではニューヨークのビリー・バングや、ヴェルヴェット・アンダーグラウンドで活躍したジョン・ケイル（エレクトリックビオラですが）のローファイな音色の方が、正統派といえるかもしれません。

80年代のニューヨークダウンタウンシーンの音が詰め込まれた「マテリアル」のアルバムの中で、ビリー・バングのエレクトリックバイオリンが冴える。「Upriver」
https://open.spotify.com/track/7OGYrHGrFA8o9sNPpzZ1rb?si=34d99662e8294ed1

ジョン・ケイルのエレクトリックビオラが決定的なサウンドの核になっている「Venus In Furs」。
YouTubeには、非公式ながらビオラとパーカッションのセパレートトラックも上がっている。
https://www.youtube.com/watch?v=GiobySgFP2s

・ストリングス

バイオリン属は、複数人数が同じ楽器を演奏することで独自の音色が得られます。8人のバイオリンで同じメロディを演奏すると、音量が増すだけでなく、少しずつ違う音色が混ざり合って魅力的な響きになるのです。西洋クラシックのオーケストラを代表するサウンドで、ポピュラー音楽でもよく用いられます。

ビートルズの楽曲を年代順に見ると「Yesterday」の弦楽四重奏、「Eleanor Rigby」の弦楽八重奏（バイオリン×4、ビオラ×2、チェロ×2）、「The Long And Winding Road」のオーケストラ（ストリングスは8、4、4）と次第に大規模化しています。

「Eleanor Rigby」のストリングスオンリー。
https://www.youtube.com/watch?v=fZA6jtxtTfQ

ストリングスのサンプルライブラリーは、なかなか納得のいくクオリティのものが出てこなかったのですが、パフォーマンスサンプル、スピットファイアー、オーディオブロといったところから、近年ほぼ納得のいく製品が出るようになりました。映画や商業音楽に携わる人たちにとっては重要問題で、YouTubeにはストリングス音源の比較動画がたくさんあり、これをチェックすると、どのくらいリアルに響くのかを耳で確かめることができます。

ストリングス音源の比較動画の一例。「The Most Romantic String Library? Let's Compare!」
https://www.youtube.com/watch?v=zIQLEbE8QFs

ハープ

古代メソポタミア、紀元前３千年紀のウルの王墓からは、弓形ハープや、牛の頭の飾りをもつリラが発見されています。どのようなチューニングかは不明ですが、ハープがとても長い歴史を持った楽器であることがわかります。

復元楽器での、想像された演奏例。「'LYRE OF UR' BUILT AND PLAYED BY LUC VANLAERE」
https://www.youtube.com/watch?v=aZOFYT7w4GI

構造的にシンプルなので作りやすく、重量はあまりないので、世界各地にハープの仲間でそれぞれ魅力的な音色を持つ楽器が遍在しています。いくつか例を挙げていきましょう。

・アイルランドのアイリッシュハープ

12世紀以来という歴史の長いハープで、クラシックのハープに比べ小型で、音色も可愛らしく魅力的です。伝統的なものはダイアトニック（7音階）ですが、シャーピングレバーで弦ごとに半音上げられるものも多く、複雑な和声にも対応できます。

「Michael Rooney plays Harp: Traditional Irish music from LiveTrad.com」
https://www.youtube.com/watch?v=ZZmFhsy8QSU

・西アフリカのコラ、ボロン

コラは特に魅力的な音色を持っており、弦の数は21と音域も広く、ギターやピアノと同じようにアンサンブルの中で基本楽器となりうる可能性を持っています。共鳴胴が瓢箪でできているので、大きなサイズですが持つと意外に軽いです。

ボロンは、マンデ族に古くからあるベース音域のハープで、胴体を手のひらで叩くことでパーカッションの役割も果たし、一台でドラム＆ベースのリズムセクションになります。

トゥマニ・ジャバテ&シジッキ・ジャバテによるコラの演奏。「Toumani Diabaté & Sidiki Diabaté - Jarabi」
https://www.youtube.com/watch?v=-cLAwAOi-hA

ガラガラのついたボロン2台の弾き語りで、ギニアの村を練り歩くトゥマニ・ドゥンビアと息子。
https://www.youtube.com/watch?v=JOypkTp7aJQ

・インドネシアのカチャピ

どちらかといえばサントゥールの仲間かもしれないのですが、両手の指・爪で演奏するのでハープの仲間に入れておきます。ペロッグ音階（A、B♭、C、E、F）が魅力的で、竹の縦笛スリン（Suling）と一緒に演奏されるカチャピスリンは、見事なアンビエントミュージックになっています。

カチャピの演奏例。「Belajar Kacapi Sabilulungan」
https://www.youtube.com/watch?v=vALl2gwle0c

カチャピスリンの演奏例。「kacapi suling bubuka jipang lontang」
https://www.youtube.com/watch?v=Yb2yFQxWRgw

・韓国のカヤグム

中国の箏（こと）をモデルに、新羅（しらぎ）の時代に作られたとされる、12弦のハープ。右手の親指・人差し指・中指の3本で弾き、左手でビブラートやポルタメントなど様々な表情をつけます。チューニングが低く、左手の激しいビブラートで音の立ち上がりを大きく揺らすやり方は、韓国のヘグム（胡弓）や、声楽とも共通する韓国独特の演奏法でとても魅力的です。

ポピュラーミュージックの中では、細野晴臣がアニメ『源氏物語』のサウンドトラックの中で大々的にフィーチャーしたのが印象深いです。

「本編／韓国・カヤグム『黄秉冀流伽倻琴散調』(日中韓の伝統楽器)」
https://www.youtube.com/watch?v=2pwJ6UMPok4

細野晴臣『紫式部 源氏物語』
https://open.spotify.com/album/6vkpTsjodocTh18pXMocbL?si=fRp1_xFgRpeQpcPpmkrlVw

・日本の箏（十七弦）

箏は、江戸時代に八橋検校が律音階から都節音階に調律を変え、チェンバロの変奏曲にアイデアを得て、段物と呼ばれる独奏曲を多数作曲したことで革新されました。

明治以降、盲人以外にも職業として認められたことで広く流行し、大正・昭和時代の宮城道雄の活躍で、邦楽全体が活性化しました。お正月の定番曲「春の海」は、宮城道雄の作った和声的な伴奏を取り入れた尺八と箏の合奏曲です。福山市は箏の生産地として有名で、全国生産の約7割のシェアを持っています。

十七弦は宮城道雄が作った拡張箏の一つで（ピアノを意識した超大型の八十弦などもあり）、通常の十三弦よりも音域が低く、とても魅力的です。音色だけ取れば、西アフリカのコラと同じく伴奏楽器の基本となり得るポテンシャルを持っています。

沢井忠夫・一恵夫妻は現代箏曲家として活躍し、作曲・演奏・育成において大きな業績を築いています。

「十七弦演奏『火垂る』～伝統音楽デジタルライブラリー」
https://www.youtube.com/watch?v=XTwGEcz3X2g

沢井忠夫の箏と十七弦の合奏曲「百花譜」。
https://www.youtube.com/watch?v=WwBkg1o3euI

・パラグアイのアルパ

植民地化に伴いスペインのイエズス会からもたらされたハープは、パラグアイのフォークソングに使われる基本楽器となりました。弦は36でチューニングはヘ長調が基本、最近のものは半音上げのレバーがついているクロマティックアルパもあります。重量はさほどありませんが共鳴箱が大きく、音量は意外に大きいです。

コロンビアにも似た形のハープがあり、エドマー・カスタネダのようなエレクトロニクスを使うモダンな演奏家も生み出しています。

アルパの演奏。「Llegada - arpa paraguaya」
https://www.youtube.com/watch?v=85QCVLj2_a8

エドマー・カスタネダの『Tiny Desk Concert』動画。「Edmar Castaneda: NPR Music Tiny Desk Concert」
https://www.youtube.com/watch?v=OSNhAKyXtC8

ベース

・アコースティックベースとエレキベース

ポピュラーミュージックにおいては、50年代後半あたりからスタジオ録音でエレキベースが一般化していきました（エレキギターと同じメーカーが作っていた）。アコースティックベースに比べると、音程が正確でアタックも明確に聞こえるのが特徴で、ＬＡで活躍したキャロル・ケイはエレキギターとの両刀使いです。

よくまとまったキャロル・ケイの業績紹介動画。「Rock's Most Prolific Session Musician」
https://www.youtube.com/watch?v=wOXHxlz065g

R&B、ファンク、ロック、フュージョンといったジャンルの発展は、エレキベース奏者の名人たち（チャック・レイニー、ジェイムズ・ジェマーソン、ブーツィー・コリンズ、ポール・マッカートニー、ジャコ・パストリアスなど）が大きく貢献しています。

ジェイムズ・ブラウンのアルバム『Sex Machine』では、ブーツィーとキャットフィッシュのコリンズ兄弟と、ドラムのジョン・ジャボ・スタークスが完璧なファンクを奏でています。

『Sex Machine』。ブーツィーの太い音色と音の長さは、リリースから50年後の現在聞いても全く色褪せない。
https://open.spotify.com/album/3CVie3TkZOVHgT6mlwy7cp?si=FBBdKq1DQzOW1Rj7-Y6qQg

オークランドファンクの旗手タワー・オブ・パワーのリズムセクションによるデモ演奏。ドラムとベースの超タイトなグルーヴが素晴らしい。「Francis Rocco Prestia (Tower of Power)『Live at Bass Day 1998』」
https://www.youtube.com/watch?v=GfVZHHvkOw

チャック・レイニーがハリウッドの音楽学校で行ったベースについての講演動画。デモ演奏のクオリティが物凄い。

「Chuck Rainey Throwback Thursday From the MI Library」

https://www.youtube.com/watch?v=la3Bilmwykg

サンダーキャットが語る、彼の好きなベースラインと受けた影響。
「Thundercat Breaks Down His Favorite Bass Lines | Under the Influences | Pitchfork」
https://www.youtube.com/watch?v=JI8cIZ9VIpg

イギリスのロックでは、ベースにもギターのような中高域の迫力を求める流れが生まれました。ザ・フーのジョン・エントウィッスルは、大音量かつ音数の多いプレイで有名ですが、楽器の開発にも熱心で、ロトサウンド社のベース弦の開発にも深く関わっていました。イエスのクリス・スクワイアは、アンプのセッティングをベース0、ミドル10、トレブル10として、ギターの領域まで踏み込むベースプレイをしました。

レッド・ツェッペリンのジョン・ポール・ジョーンズは最も多彩なベースプレイヤーで、ジェイムズ・ジェマーソンのような2フィンガーの16ビートプレイ（「Lemon Song」）、ジョン・エントウィッスルのようなハードでヘヴィな音作りとプレイ（「Heart Breaker」）、ジャジーかつブルージーな足鍵盤でのオルガンベース（「Since I've Been Loving You」）と、どれをとっても完璧です。

ジョン・エントウィッスルのテクニック解説動画。
「The Who's John Entwistle: Bass Guitar Techniques | Reverb Learn to Play」
https://www.youtube.com/watch?v=wVdrkBASqII

クリス・スクワイアのベースプレイの解説動画。「The Amazing Chris Squire」
https://www.youtube.com/watch?v=cTpr4OD9k3A

ジョン・ポール・ジョーンズのテクニック解説動画。
「Bass Guitar Techniques of Led Zeppelin's John Paul Jones | Reverb Learn to Play」
https://www.youtube.com/watch?v=RXRaCnlO4S0

現時点での最高峰のベーシストと評価されているピノ・パラディーノは、様々なスタイル・様々なベースの音色で活躍してきました。彼がブレイク・ミルズと作ったアルバム『Notes With Attachments』を聞くと、エレキベースが80年の歴史の中でどれだけの表現力をつけ、現在に至ったのかがよくわかります。

「Pino Palladino + Blake Mills: Tiny Desk (Home) Concert」
https://www.youtube.com/watch?v=a-V77_moZYw

アコースティックベースとエレキベースの中間形で、ラテンミュージックでよく使われるアンペグ社の「Baby Bass」も、低音がしっかりとまとまった、とても魅力的な音色を持ちます。

コロンビアの楽器メーカー、ブレイディの作ったBaby Bassのコピーモデル試奏動画。「Test Blady "baby" Bass.」
https://www.youtube.com/watch?v=H6Bm3IQ8BPU

　ソフトウェアとしては、スペクトラソニックス社の「Trillian」が画期的で、「Acoustic」「Electric」「Synth」と3分された音色は、いずれもとてもリアルです。また、フィジカルモデリング方式のＩＫマルチメディア社の「MODO BASS」もとてもよく、弦の種類、演奏技法など、細かなところまで生演奏のシミュレートができます。

スペクトラソニックス社のTrillianのデモ演奏動画。「Spectrasonics Trilian Demo & Review」
https://www.youtube.com/watch?v=32iAPgGJX1k

ＩＫマルチメディア社のMODO BASSの、NAMMショーでのデモ演奏。
「MODO BASS Live NAMM Performance with Donald Parker」
https://www.youtube.com/watch?v=jbcVA-F9J64

ドラム

・ドラムキットの発達

　もともと軍楽隊で複数の人が担当していた大太鼓・スネア・シンバルが、一つのドラムキットにまとまり、ハイハットやタムを加えて一人のドラマーが演奏するようになる過程は、とても面白いです。良質なシンバルがトルコ由来だったり、タムが中国由来だったり、ドラムキットは最初からワールドミュージック的な広がりを持っています。

ドラムセットの歴史解説動画。とてもよくできており必見。「150 Years of Drum Set Evolution in 40 Minutes」
https://www.youtube.com/watch?v=X3gnPaX_vAg

こちらも素晴らしい、ドラムセットの歴史動画。実際にドラマーが叩いて例を示している。
「History Of The Drumset. All Parts. Daniel Glass.」
https://www.youtube.com/watch?v=BH-jVncTJbg

１９２０年代からのジャズの発展は、30年代以降スウィングジャズとして全世界に広がり、ダンスビートと結びついた形でのポピュラーミュージックの変化の基盤として、ドラムがリズムを提示する基本形となりました（もう一種類主軸になったリズムがあり、それはキューバで発展・定式化したルンバ、マンボなどのラテン音楽のパーカッションアンサンブルです）。

スウィングジャズ以降のR＆B、ロックンロール、カントリー、ファンク、レゲエ、ヒップホップ、ハウス、EDMなど様々なスタイルの音楽においても、ドラムキットによってビートを作るという考え方が、現在まで一貫しています（リズムマシンやサンプラーによる打ち込みになっても）。

ドラムキットのバスドラム、スネア、ハイハット、シンバルという4種類の楽器で、どれが主役になるかは移り変わりがあります。スウィングジャズの中ではハイハットがリズムキープで大切だったのが、モダンジャズでは同じパターンをトップシンバルに移します。ロックンロールではバスドラムとスネア、R＆Bやファンクではバスドラム、スネア、ハイハットの3点、80年代のポップスにおいては2拍・4拍のスネアが飛び抜けて大きいです。レゲエ（ダブ）で低音が重要になると、ヒップホップやハウスではバスドラムが最重要になります。

現在のポピュラーミュージックでは、R&B、ヒップホップ、ジャズ、ロック、ポップスなど、ジャンルに応じて使われるドラムキットのサウンドが異なり（ドラムマシンも含む）、逆にドラムの音を聞けばだいたい音楽ジャンルが想定できます。

１９００年代後半、大太鼓とスネアを一人で叩き分けていたところから１９６４年のビートルズまで、実際のドラムキットや歴史的映像で詳しく解説する動画シリーズ。「History of the Drumset: Series Introduction」
https://youtu.be/K5-C4SOkeCO?si=3uHCr66lh4AmmPvb

１９００年から10年区切りで、その時はやっていたドラムパターンを連続的に叩き分ける動画。同じドラムキットなのが難点だが、その時期のトレンドがわかる。「120 Years Evolution of Drums. Each Decade Trendiest Groove」
https://www.youtube.com/watch?v=xVdRSNJU3lw

70年代のスティーヴィー・ワンダーのドラムを、ドラムキットからシミュレートする動画。

「Stevie Wonder - The Drum Sound Of A True Legend | Recreating Iconic Drum Sounds」

https://www.youtube.com/watch?v=MA45kysNU0g

・録音物でのドラムの音色

60年代以降マルチトラックで録音されるようになると、スタジオ録音のドラムの音は生で聞く実際のドラムの音は異なり、ＥＱやコンプレッサーで加工されて演出されるのが当たり前になります。そこから逆に、ライブ演奏ではエンジニアがＰＡスピーカーから録音物のようなサウンドを出すために、色々工夫をするようになりました。

ドラムをどのような部屋で録音するとどのような違いが生まれるのかを比較した動画。音色が全く違う。
「Recording Drums: What Difference Does The Room Make?」
https://www.youtube.com/watch?v=sydt50-Cxhc

音楽ジャンルによってどのようなやり方でドラム録音をするのかを解説した動画。
「How To Record Drums For 5 Genres: Classic & Modern Rock, Smooth '70s, Indie Folk, and Jazz | Reverb」
https://www.youtube.com/watch?v=z-dp6YtF544

バスドラムの録音、ＰＡのテクニック解説動画。ＥＱを積極的に使っている。

「Kick Drum EQ For Live Sound & Recording - How to EQ a Kick Drum - Mixing Tips - Tutorial」

https://www.youtube.com/watch?v=CQg1_-ZJ4MU

ライブ時のドラムのコンプレッサーテクニック解説動画。やりすぎと思えるくらいコンプで音を調整している。
「Live Drum Compression Techniques | Mixing Drums | Live Sound Mixing」
https://www.youtube.com/watch?v=CshdvNnDKr4

・ドラムマシン／サンプラーとダブ以降のリズムの革新

70年代のアナログドラムマシンと、80年代のデジタルドラムマシンの登場は、ポピュラーミュージックのドラムの音に決定的な変化をもたらしました。さらにアカイＭＰＣシリーズのようなサンプラーの発達は、ポピュラーミュージックの制作過程を変革し、現在のＤＡＷが基本となる音楽制作のスタイルに直結しています。

リズムマシンの歴史を辿る動画。「Electric Rhythm: The History of the Drum Machine | Reverb」
https://www.youtube.com/watch?v=4d89S-jOsfY

ローランドのリズムマシン「TR-909」のバスドラは、ハウスの４つ打ちを定義づける音色ですし、E─MU社のサンプラー「SP-1200」の粗い音色は、ヒップホップの黄金時代には欠かせないものでした。

TR-909を使った有名曲のパターン集。「Ten classic Roland TR-909 patterns」
https://www.youtube.com/watch?v=ydCDro4YerY

ヒップホップのプロデューサー、ピート・ロックがSP-1200でビートを作る動画。「Pete Rock making beats on SP1200」
https://www.youtube.com/watch?v=6-FLx_glVCE

プリンス＆ザ・レヴォリューション時代のプリンスは、「Linn Drum」がお気に入りでした。スタジオでも多用していたし、ライブの時にもドラムパッドで Linn Drum をトリガーしていたので、ライブでも Linn Drum の音を聞くことができます。

「Prince and The Revolution - Let's Go Crazy (Live in Syracuse, NY, 3/30/85)」
https://www.youtube.com/watch?v=svqYueRzAh0

ヒップホッププロデューサー達の中でもデトロイト出身のＪ・ディラは、アカイのサンプラー

「MPC3000」を使って革新的なビートを作り出しました。ハイハット、スネア、バスドラムがそれぞれ揺れているように聞こえるのですが、これがループになって繰り返すと、中毒性のあるグルーブを生み出すのです。彼の作ったビートは、現在に至るまで強い影響力を持ち続けています。YouTubeには、Ｊ・ディラのビートの分析動画がたくさんあり、とても勉強になります。

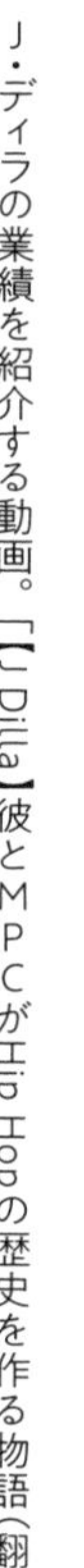

Ｊ・ディラの業績を紹介する動画。「【J Dilla】彼とＭＰＣがHip Hopの歴史を作る物語(翻訳)」
https://www.youtube.com/watch?v=_EQRgoHilqA

そもそも、ジャマイカで70年代にダブが発明され、それがＤＪカルチャーとして世界に広まって以降、ダンスビートはすでに録音された音を組みなおす形になりました。ここで重要になったのが重低音で、60Hz以下のバスドラムやベースの音がビートを牽引することが歴史的に再発見されたのです（もともと西アフリカのジャンベのアンサンブルに重低音はありました。日本の和太鼓にも見られるように、世界の太鼓文化には重低音の要素が共通しています）。低音の魅力を重視するサウンドのあり方は、２０１０年を過ぎて常識となり、現在も続いています。

スネアの音色にも、ＤＪカルチャー以降様々な変化があります。レゲエでチューニングが高くティンバレスに似た抜けのいいスネアやリムショットが見直され、ロックから80年代のブーンバップやLinn Drumで時代を席巻した、大げさなバックビートとは異なるスネア音が多用されるようになりました。ハウスにおけるハンドクラップはスネアの代用品で、音色を比べるとハンドクラップの方が鋭さの少ない、中域の膨らんだ音色です。また、軽く叩いたスネア、スネアの役割を果たす様々な打撃音も色々使われるようになっています。

46種類のスネアを1分で聞く比較動画。「46 Snares in 1 minute (Largest Drum Collection you've ever seen)」
https://www.youtube.com/watch?v=kdmtyUXxkgQ

近年のムラ・マサやカシミア・キャットのようなアーティスト／プロデューサーの作品を聞くと、自分で簡単に叩いたドラムキットの音をサンプルして組み上げ、粗くて軽いドラムサウンドが楽曲の魅力になっているものがよく見受けられます。ヘヴィで大音量を追求するロックのドラマー達の方向性とは逆で、音色の一回性とブリコラージュ的な感覚が光っています。

ムラ・マサの「What If I Go?」。バスドラを軽くすることで、逆にベースの重低音の居場所を作っている。
https://www.youtube.com/watch?v=pLuQOMGLBXU

今やドラムの音は、「Splice」のようなサブスクリプションサイトで音を比較試聴し、購入するのが一般化しています。またＸＬＮオーディオの「ＸＯ」のように自分の持っているドラム音源を、すべて音の類似でマップ化・ビジュアル化し選べるようにした、ドラム音源ライブラリーも登場しています。

ＸＯの紹介動画。プリセットに含まれている６００ＭＢ弱のサンプルのクオリティもアップトゥデイトでよい。
「XO by XLN Audio Tutorial - Exploring the XO Space」
https://youtu.be/OmmDRI-HeuE?si=6iR0j0lxto1rvO6r

リズムマシンやサンプラー、ＤＡＷなどによって、リズムに劇的な変化が起きたのに対して、この新しいリズムを生演奏のドラムキットで演奏していこう、というプレイヤー達も続々登場しています。アルバムとしてはディアンジェロの『Voodoo』（２０００年）が早くに結果を出しているし、ジョジョ・メイヤーやクリス・デイヴのような優秀なドラマーたちが演奏法と音色を工夫し、クリエイティブな音楽を作り続けているのはとても素晴らしいことです。

ジョジョ・メイヤーのツアー用のドラムキット解説動画。「Jojo Mayer's Nerve 2018 European Tour drum kit」 https://www.youtube.com/watch?v=gC9NC2JiS-k

クリス・デイヴの演奏集。シンバル類は、マシンドラムと同じハイエンドが出ない音色になるように工夫されている。「Chris Dave - Best Moments」 https://www.youtube.com/watch?v=X5AP8MAJE1s

近年のドラムキットによる音楽表現の成果としては、ドラマーのアントニオ・サンチェスが担当した映画『バードマン』のサウンドトラックがあります。この映画ではサウンドトラックの多くの部分をドラムだけで表現しており、映画もサウンドトラックも、ともに高い評価を受けました。

『バードマン』の映画にライブ演奏でドラムを加えるコンサートの紹介動画。「Antonio Sánchez : Birdman live」 https://www.youtube.com/watch?v=UYp88mlIEZ8

・コンプレッサーについて

ここで、スタジオの録音機材、コンプレッサーについて解説しておきましょう。音楽の生演奏は、小さな音から大きな音まで音の大きさに幅があります。ところが、ラジオやレコードで表現できる音量の幅は生演奏ほどの余裕がなく、小さな音に合わせると大きな音は限界を超えて音が割れて汚いノイズが入ります。逆に、大きな音に合わせると、小さな音はラジオやレコードがもともと持っているノイズに紛れて聞こえなくなります。

そこで電気的に大きな音量はそのまま、小さな音量のところを持ち上げて音量の幅を狭めることで聞き取りやすく調整するのがコンプレッサーです。メディアの必要から生まれたエフェクターなのですが、コンプレッサーを使うと音色の感じも変わるのです。生演奏に音量のむらが目立たなくなるのと、音が長く伸びて聞こえるので、演奏者は上手になったように聞こえます。また、ドラムなどの打撃音は音が伸び、存在感が増します。

コンプレッサーの仲間にリミッターというエフェクトもあります。こちらは、最大音量を一定に保つエフェクトで、音量のピークを抑えることでサウンド全体の音量を上げることができ、結果としてコンプレッサーをかけたのと似た音になります。

次のサウンド例は、シンプルな打ち込みのドラムと、それにＤＡＷのプラグインのコンプレッサーをかけたものです。さらに、イコライザーで目立つ音域を調整し、ヒップホップ風とロック風にしてみました。ドラムの音色がＤＡＷの製作工程のなかでコントロールされる、ということがよくわかると思います（オーディオ2―1）。

実際のＤＡＷの作業の中では、ドラムに限らずほぼ全てのトラックでコンプレッサーとＥＱによる調整が行われます。コンプレッサーの効果で音が聞き取りやすくなり、音源が近づいたようにも聞こえるので、トラックの音量・ＥＱ・コンプ（コンプレッサーの略称）で、全体のサウンドのバランスを取っていきます。

打楽器

・打楽器の目安

打楽器は、とてもたくさんの種類が世界各地に偏在しており、それぞれのやり方でリズムを作っています。世界の民俗音楽を見ていくと、驚くような用法や多彩な音色があり、とても面白いです。例えば東南アジアでは、広くゴング（大型の青銅器のドラ）が使われていますが、ベトナム中部で、ジャライという民族が儀礼の際に1セット10数枚のゴングと太鼓を使って練り歩くのは、ほぼ4つ打ちのテクノで魅力的です。

「[GCOSEA: Vietnam] Jarai - dawn」
https://www.youtube.com/watch?v=f2Id9ernEPM

１９９１年に音楽通信の共通規格として、ＧＭ（Genera Midi）が設定された時、基本的な音色のマッピングが決められました。アコースティックピアノはProgram Changeの1番、アコースティックギターは25番、といった具合で、楽音の種類と番号が決められたのです。音程がさほど気にならない打楽器はＭＩＤＩの10チャンネルのノートナンバーにマッピングされています。これを見れば、ポピュラーソングの中で使われる打楽器の音（ドラムキットを含む）は大体の見当がつきます。

DTM Solutions「ＧＭパーカッション・マップ」
https://dtm-solutions.jp/smfgmgsxg/gm_percmap.html

・木製の体鳴楽器

打楽器を分類してみましょう。体鳴楽器の仲間で、木製と金属製、粒状のものを振るものの３つに分け、膜鳴楽器（太鼓の類）を加えれば類別できます。まず、木でできた打楽器を考えると、カスタネット、クラベス、ギロ、木魚、カホンなど。沖縄の三板（さんば）は、中国から伝わったものが１９５０年代以降に木製（三線の余り木）となり、音色がよくなりました。

三板の見事なデモ演奏。「沖縄空手三板(さんば)名人のリズム」
https://www.youtube.com/watch?v=5TFrhX10xE8

クラベスは、その音色もさることながら、ラテン音楽の軸となるリズム、クラーベを表現するという点でとても重要な楽器です。とてもシンプルな楽器ですが、ラテン音楽を理解する上では、クラーベのパターンをアンサンブルの中で常に聞き取れるようになる必要があります。

ジョン・サントスがクラーベの伝統を明快にデモ演する貴重な動画。「John Santos Claves Demonstration [Interview Video]」
https://www.youtube.com/watch?v=Htz94NNaUfo

・金属製の体鳴楽器

音叉（おんさ）、シンバル、トライアングル、カウベル、鐘、ドラ、摺鉦（すりがね）、鈴など、たくさんあります。高い音域を担当することが多いのですが、大きな鉦やドラは、重低音の音域で大きなエネルギーを持っています。

音叉は、1711年にイギリスのトランペッター、ジョン・シュアが発明したもので、それまでは調子笛を使ってチューニングしていました。1939年のロンドン国際会議で、標準Aは室温20℃で440Hzと定められましたが、現行のクラシック演奏会は442Hzとすることが多いです。素材は炭素鋼やアルミニウム、ジュラルミンなどで、U字形のために持続音がサイン波になります。音楽以外の用途では、音叉型の水晶動子がクオーツ時計に用いられていて、発振周波数は32768Hzとのことです。

シンバルは、広く薄く伸ばした金属楽器で、オスマン帝国の軍楽隊で今の素材（銅と錫（すず）と銀の合金）と形が定型化しました。小型のものをフィンガーシンバルと呼びますが、現在もタンバリンの枠に組み込まれています。大型のシンバルは2枚を打ち合わせる合わせシンバルのやり方と、吊るしてマレットやスティックで叩くサスペンデッドシンバルのやり方の2種類があり、得られるサウンドは随分違います。合わせシンバルの音量は巨大で、オーケストラのアクセントとして用いられるのは、ヒッチコックの映画『知りすぎていた男』のアイデアとして有名です。

シンバルはジャズのドラムキットに組み込まれ、いろいろなサイズやデザインのものが発達しました。特に、1930年代に開発されたハイハットは、小型サイズ（13～15インチ）のシンバルを上下に合わせ、足でもコントロールできるようにしたことで、ドラムキットの表現力は格段に向上しました。

現在の打ち込みによるリズムの表現においても、バスドラム・スネア・ハイハットの3点セットが基本になっています。シンバルは現在もいろいろなサウンドのものが新しく研究・発売されており、特にリズムマシンやサンプリングの影響で、ハイエンドの響きを抑えたシンバルが開発されてきているのが面白いです。

シンバルを造る工程のドキュメンタリー動画。「How it's Made - Cymbals」
https://www.youtube.com/watch?v=DYGRcbKOt4U

ドラムの巨人たちのシンバルサウンドについて、シンバルメーカーのジルジャンの職人たちが語る動画。
「Cymbal Sounds of The Masters : The Legends」 https://www.youtube.com/watch?v=sbBPxldTyzc

モロッコでは、カルカベと呼ばれる小型の金属カスタネットが用いられます。音量は巨大で、大抵は複数人数が両手に掲げ、独特の揺れるリズム（サンバに近い訛りがある）を奏でながらコーラスをするので、高いトランス性があります。

カルカベを複数用いたグナワの演奏例。「Innov Gnawa - Toura Toura」
https://youtu.be/BSKmB_1-Kto?si=89gm6YtwAelEn-Rz

カウベルはその名の通り、牛などの家畜の首につけて所在を把握するもので、古く５０００年以上前の陶器製のものが中国で発掘されています。音楽用のものは鉄製（真鍮のものもある）が多く、形とコーティングによって音色が異なります。スティックで叩くことが多いですが、専用のＡＢＳ樹脂のスティックもあります。

シンプルな楽器に見えますが、叩くポイントや様々なミュートのやり方で、これだけでもドラムキットのような多彩な表現も可能です。ロックでは、カウベルが重要な役を果たしている曲がたくさんありますが、代表例としてローリング・ストーンズの「Honky Tonk Women」を挙げておきましょう。プロデューサーのジミー・ミラーの叩くミュートを交えたカウベルが、グルーヴの中心になっています。

ローリング・ストーンズの「Honkey Tonk Women」。
https://www.youtube.com/watch?v=hqkGxZ1_8I

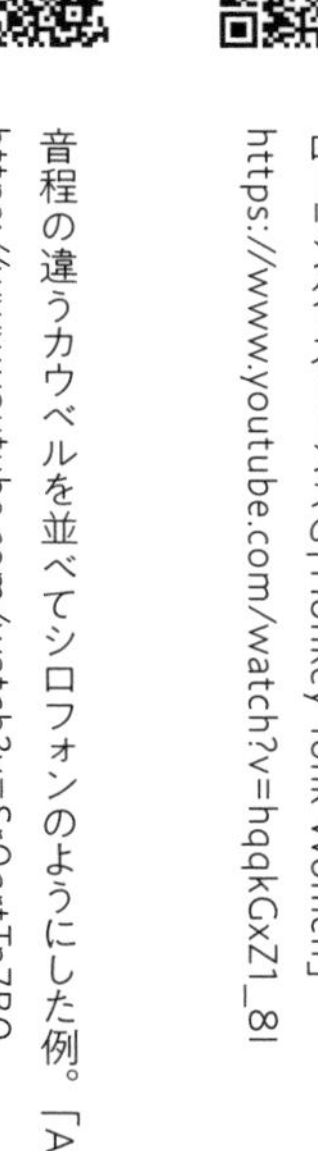

音程の違うカウベルを並べてシロフォンのようにした例。「Almglocken & Cowbell comparison」
https://www.youtube.com/watch?v=Sr0qrtTn7B0

カウベルの仲間で、円錐型のカウベルを２つ繋げたアゴゴがあります。これは音が高く音程感もはっきりしており、サンバでよく用いられます。

アゴゴの種類と演奏パターン。「12 Brazilian Rhythms for Agogo bell」
https://www.youtube.com/watch?v=o1nfHOxA06E

ナイジェリアのイボ族の間では、アゴゴのように繋げた大型のカウベルをメイン楽器とするオゲネ（Ogene）という音楽スタイルがあり、ほとんど現代のラップといっていいほどのグルーヴィーなアンサンブルを作っています。演奏法はバリエーションに富んでおり、カウベルのいろいろな部分を叩き分け、指、手のひら、体を使った様々なミュートで、音の高さ・長さ・音色を使い分けます。

大型のオゲネベルの商品動画。「OGENE BELLS 21 inch FOR SALE NOV 2020」
https://www.youtube.com/watch?v=ngvQJQOfXC0

オゲネの演奏動画。コーラスとパーカッションアンサンブルが面白い。

「OGENE AWKA (AUSUMA MALAIKA CHRISTMAS PERFORMANCE) part 1」

https://www.youtube.com/watch?v=1KmlLHuSwNs

鐘（Bell）は、構造的には外から叩いたり撞いたりするものと、内部の舌を振動させるもの（鈴）の2種があります。古代から宗教儀式に用いられ、日本の銅鐸も儀礼で用いられていたのだろうと想定できます。

日本の銅鐸の音。
https://www.youtube.com/watch?v=788t3AIObBc

中国の銅鐸の音。
https://www.youtube.com/watch?v=hGNuTpuJ6LU

日本の寺の鐘と、ヨーロッパの教会の鐘の音も、よく比較されるところです。どちらも音色は様々なのですが、日本の寺の鐘で重低音が長く響くのは大きな特徴です。

三井寺の２つの鐘の音。
https://www.youtube.com/watch?v=7Zt3kjzxTHU

教会の鐘、大きさベスト15。音も聞ける動画。
https://www.youtube.com/watch?v=uFgPHNpjrzo

中国では紀元前8世紀の春秋時代から、青銅の鐘を複数枠に吊るす編鐘（へんしょう）が、権力の象徴として用いられていました。１９７８年に出土した湖北省の墓の副葬品では、65点からなる編鐘と、鼓・琴・パンフルートなどがオーケストラセットとして出土しています。

編鐘の音楽をシミュレートした動画。
https://www.youtube.com/watch?v=kJaMCKVOFJM

摺鉦（すりがね）は当たり鉦やチャンチキとも呼ばれ、皿形の真鍮（しんちゅう）（銅と亜鉛の合金）を内側から先端に、鹿の角のついたスティックで叩きます。祭囃子、阿波踊り、神楽、歌舞伎の下座（げざ）音楽などで広く用いられ、高域で音量も大きく跳ねたリズムのグルーヴマスターとして機能しています。元々は仏具で念仏踊りで使われていたものが広まったと思われます。

摺鉦の演奏法動画。「チャンチキ あたり鉦 #47 吹奏楽のためのポップスパーカッション」
https://www.youtube.com/watch?v=5lPAHpSs26k

摺鉦と同様の楽器は世界に分布しています。中でも、北アフリカでベルベル系の女性ミュージシャン／ヒーラーたちが用いる摺鉦はトランス性が高いです。治療の一環として患者の頭頂に鉦を乗せて演奏することもよくあります。

鉦を伴ったブネ・マラケシュの演奏。「Bnet Marrakech - Chama'a」
https://www.youtube.com/watch?v=kK3NAU8u_wM

・振りもの

マラカス、シェケレ、カバサ、カシシなど、粒状のものを中に入れるか外につけ、振ることでリズムを刻みます。シェイカーという名称は振りものの総称といえます。

マラカスは元来はヤシ科のマラカの実を乾燥させて作ります。キューバ音楽でよく使われます。ベネズエラで用いられるマラカスは、スペイン人到来の前から原住民の儀式で用いられていたそうです。

コロンビアのマラカス奏者の教則動画。全部で4パートあり、見事な内容。音色のキレが素晴らしい。
「APRENDE A TOCAR MARACAS | Tutorial Parte 1| Ailan Wong」
https://www.youtube.com/watch?v=EGCcCf-lezk

シェケレは西アフリカのヨルバ族の伝統楽器で、大きな瓢箪の周りに、植物の種や貝などを通した網を張り、これを叩く・揺する・回すなどして演奏します。キューバやブラジルに伝播し、ブラジルでは金属を使ったカバサとなりました。シェケレの表現力は大きく、瓢箪の底を叩くとバスドラの役割もできます。

シェケレの紹介動画。「How to Play the Shekere | African Drums」
https://www.youtube.com/watch?v=SnE5OHo7RYM

カシシは、アフリカ起源のシェーカーで、ブラジルではカポエラでビリンバウとともに演奏されることが多いです。木を編んだ胴と瓢箪を乾かした底で音色が違うので、複雑なノリを表現できます。

カシシの紹介動画。「Caxixi with Dave Holland」
https://www.youtube.com/watch?v=7J3wMkzNvjk

・膜鳴楽器

太鼓の類で、ティンパニ、スネア、バスドラム、タンバリン、ジャンベ、タマ、ティンバレス、コンガ、ボンゴタブラ、鼓、和太鼓などなど、たくさんあってキリがありませんが、いくつかを紹介していきましょう。

現代のスネアの直接の起源は、ヨーロッパ中世のテイバー（Tabor）に遡るといわれます。軍楽隊で、笛と合わせて片手で叩いていました。20世紀に入り、金属製のパーツやプラスチック製のヘッド（革）が発明され、今の形になりました。リム（枠、フープともいう）が金属のものが普通ですが、木製（メイプル）のものも柔らかなサウンドでよいです。

バグパイプとスネアドラムによるパイプバンドは、スコットランドのものが有名です。ここで用いられるスネアは口径が小さく、胴が深めのコツコツした音色で、野外をマーチングするのは風情があります。

スコットランドのパイプバンド。「5 Scots marching into Canterbury Cathedral」
https://www.youtube.com/watch?v=ZRVS4XxSn9Q

バスドラムは、マーチングバンドでは横向きに胸に抱える形で移動しながら叩く形が多いです。日本のちんどん屋や、旧ユーゴのブラスバンドに見られるように、バスドラムの上に摺鉦や小型シンバルをつけて、アクセントをつける形もあります。ユーゴのブラスバンドは、近年はボンゴやスネアをメンバーに加えるようになりましたが、以前はバスドラを片手はマレット、もう片手はしなりのある木の枝で叩き、低域と中域を叩き分けていました。

昔のチンドン屋の録音。「【チンドン屋】美しき天然」
https://www.youtube.com/watch?v=idNnHctJAlU

ヨバ・ストイリコビッチ (Jova Stojiljkovic) のブラスバンド。パーカッション類は一人で演奏している。「Vranjisko Kolo」
https://www.youtube.com/watch?v=qUOHcZHL7HM

タンバリンの先祖になるフレームドラム（丸い枠に皮を貼ったドラム）の歴史は紀元前20世紀のバビロニアのレリーフにまで遡ります。タンバリンにシンバルがついた経緯は明らかではありませんが、その後タンバリンには革のない、フレームとシンバルだけのものも使われるようになりました。南イタリアでは縦に構えたタンバリンのテクニックが発達していますが、これはアラブのフレームドラムの影響を思わせます。

シシリー島のタンバリンテクニック。「TARANTELLA Tecnica Siciliana」
https://www.youtube.com/watch?v=JoiQTPrCsv8

最近では、革の張力を変えて演奏しながら音程を変えられるタンバリンも出現しています。

「Melodic Tambourine played by Thomas Ostrowiecki - April 2010」
https://www.youtube.com/watch?v=xTczDxwC_TA

ブラジルにはタンバリンの親戚パンデイロがあります。構えが水平になるのが大きな違いで、シンバルをリズムの刻みに使っています。

パンデイロのデモ演奏。「Solo de Pimpa do Pandeiro, com pandeiro Rozini」
https://www.youtube.com/watch?v=X8CqNiqKwQo

パンデイロ奏者のマルコス・スザーノは、革のチューニングを下げ、ピンマイクを取りつけることで、パンデイロからバスドラムやベースの低音も出せるように改良しています。

マルコス・スザーノの演奏動画。「Marcos Suzano・Jungle Samba・Universal Pandeiro」
https://www.youtube.com/watch?v=SGs-Nqs39gc

ジャンベは西アフリカで伝統的に演奏される大型の盃型太鼓で、胴は大きな硬い木をくり抜いて作られます。皮は山羊で、胴が重く厚いために充実した重低音が出るのが特徴です。叩き方によって低域・中域・高域を叩き分け、一台でもドラムキットのようなリズムパターンを作り出せるし、派手なソロ楽器としても機能します。

ギニアの伝統的演奏では、3種類のドゥヌン（ドゥンドゥン、サンバン、ケンケニ）と組み合わせてアンサンブルを作ることが多いです。ドゥヌンにはしばしばカウベルが組み合わされ、基本的なリズムを刻みます。ジャンベにはしばしばブリキと針金でできたガラガラが取りつけられます。1960年代にギニアの王立バレー団で活躍したママディ・ケイタとファマドゥ・コナテという2人の名人が登場したことで、ジャンベは世界的にも広がっていきました。

ママディ・ケイタのジャンベ教則動画。「Mamady Keita (Beginner) Rythmes Traditionnels du Mandingue」
https://www.youtube.com/watch?v=EO7gcclCAcQ

コンガはキューバで発達しましたが、原型は奴隷として連れてこられた西アフリカのヨルバ族の太鼓で、革の貼り方や胴の形も同じです。コンガはボンゴと同じく、2本セットでパターンを作るのが特徴で、ジャンベと同じく基本のトーンが3種あります。

コンガの説明動画。「What Is a Conga? | African Drums」
https://www.youtube.com/watch?v=UoFgJXGWJXA

和太鼓は、日本の伝統的な太鼓の総称です。大型の和太鼓は、雅楽の大太鼓で皮を鋲で止めるやり方などを見ると、元は中国から伝来したと思われます。日本の祭礼や儀式においても古くから用いられ、念仏踊り、能学、歌舞伎などでも広く使われてきました。

何といっても大音量で重低音が出るのが魅力です。古い太鼓で皮を張り替えないものは打っても高音が出ず、リズムマシンの TR-808 のバスドラのような低音となり、かなり遠くまで響きます。現在の世界的な和太鼓ブームは、第二次世界大戦後に鬼太鼓座（おんでこざ）や鼓童（こどう）によって広まった、新しいスタイルです。日本各地に残る和太鼓の演奏には、面白いスタイルがたくさんあります。

青ヶ島の太鼓。「青ヶ島還住太鼓～AOGASHIMA KANJU TAIKO～」
https://www.youtube.com/watch?v=ulepCtj1u4o

また、和太鼓の中にはスネアに当たる締め太鼓もあり、これも名人の手にかかるととてもグルーヴィーなものです。

秩父屋台囃子の締太鼓。「秩父屋台囃子基本拍子【令和三年秩父屋台囃子傳承會稽古】」
https://www.youtube.com/watch?v=qIZyddwj2I

・音程感のある打楽器たち

クラシック、ポピュラー音楽を通じてよく用いられる「音程のある打楽器」の代表はマリンバでしょう。スティーヴ・ライヒのミニマルミュージックでも、ザッパのアンサンブル（偉大なルース・アンダーウッド！）でも使われ、人々の耳に馴染んでいます。起源はアフリカで、奴隷として連れていかれたラテンアメリカ（グアテマラ、コスタリカ、メキシコなど）で発達、米国に伝わりました。

フランク・ザッパの「Inca Roads」。ルース・アンダーウッドのマリンバは、ロックアンサンブルの大音量の中で演奏するためにピックアップが取りつけられてエレクトリック化されている。
https://www.youtube.com/watch?v=wqp71DOJ3aY

西アフリカのバラフォンは完成度の高い楽器で、ローズウッド（紫檀）の木片を並べ、下に瓢箪を取りつけて共鳴箱とします。また、天然のゴムを巻いたマレットも重要で、中域の充実した音色や音を止める奏法において粘り感を出しています。

バラフォンの伝説的名人、エル・ハジ・ジェリ・ソリ・クヤーテのアルバム。
https://open.spotify.com/album/0j3xXlUtapP3XGSF9pNEVg?si=zhvXDzZaQVa3Kzo6jhBiQw

鉄琴はジャワのガムランで使われるサロンが歴史的に早い例だと思われますが、グロッケンシュピールの名前でドイツで製品化されたのは17世紀。大型化し共鳴管とモーターのついたビブラフォンは１９２１年に米国で開発、ジャズでライオネル・ハンプトンが使って人気が出ました。クラシックでは、アルバン・ベルクがオペラ『ルル』の中で使ったのが早い例だと思われます。

東南アジアには青銅を使う文化圏が広がっており、これを用いた楽器アンサンブルが多数見られます。インドネシアのガムランはその代表格で、ジャワのガムランでは鍵盤型のグンデルとサロン、壺型のボナンなどが組み合わされて金属倍音の靄がかかる、とても美しい音響空間となります。

ジャワのガムランの演奏例。「Javanese gamelan performance」
https://www.youtube.com/watch?v=2937xfl_kKI

インドのタブラやイランのトンバクも広い音域の音程を正確に出せる打楽器なのですが、音程楽器としてはさほど注目はされていません。

トンバクの見事な演奏例。「Mohammad Mortazavi - Philharmonie Berlin --Balal Balal」
https://www.youtube.com/watch?v=tZbeAWK8yww

・地域別の打楽器コレクション

打楽器類は、個々の音が短いものが多く、サンプリングによってカタログ化されたよいソフトが多数あります。ソフトサンプラーとしてほぼ標準プラットフォームになっているネイティブインストゥルメンツ社の「Kontakt」には、「Spotlight Collection」シリーズに地域別の民族楽器のコレクションがあります。これの Middle East・India・West Africa・Cuba の４つのシリーズが音質もよく、打楽器類がアンサンブルで用いられる編成で並び、演奏例のサンプルもあるので非常に便利です（そのまま、もしくはエディットしてＤＡＷの中で使える）。

ネイティブインストゥルメンツの「West Africa」のサンプル動画。
https://www.youtube.com/watch?v=SYO6WJEj1Us

・オーケストラのパーカッション

クラシックのオーケストラで使われるパーカッション類もどんどん拡張してきました。最近では和太鼓なども取り入れられています。映画のサウンドトラックでは、派手な大作映画でスケール感を表現するのにティンパニや大太鼓などが多用されています。スケールの大きなパーカッションの

ことを「Epic Percussion」と呼んだりします。

「Epic Percussin」のライブラリの比較検討。「[REVIEW] Epic Percussion: 6 Top Sample Libraries」
https://www.youtube.com/watch?v=NI54-dZFkDI

金管楽器

唇を振動させて音を出す管楽器の総称で、管の部分が金属ではない法螺貝や、スーザフォン（軽量化のため胴体がプラスチック）、南アフリカのワールドカップで有名になったブブゼラなども含みます。金管楽器の一番の特徴は、音が大きいことです。モダンな金管楽器に共通する特徴として、ベル（朝顔）の部分に様々な形の弱音器（ミュート）をつけたり、手でかざしたりすることで、音を小さくするだけでなく音色に変化をつけることができます。

・トランペット

メガフォンの形をしたラッパの歴史は新石器時代まで遡りますが、現在の3本のバルブを備えたトランペットの形が定着したのは19世紀半ばです。なんといっても、ジャズの花形楽器としてルイ・アームストロング、マイルス・デイヴィスらが活躍したことで、楽器のイメージを決定づけました。

クラシックでのトランペットの演奏法を紹介する動画。ピッコロトランペットも紹介されている。
https://www.youtube.com/watch?v=QcIp7K2UFgE

ルイ・アームストロングのドキュメンタリー動画。当時の録音物でルイ自身の音色も聞ける。
https://www.youtube.com/watch?v=WPspHmFoEYs

マイルス・デイヴィスの公式チャンネルでは、彼の生涯を紹介する連続動画を見ることができる。
「Miles Davis - The Legend of Miles Davis (from The Miles Davis Story)」
https://youtu.be/BWEWPEVpPjc?si=PXeTFv-7h5nQfLav

・ポストホルン

ヨーロッパで馬や馬車の郵便の到着を知らせるために使われたバルブのないラッパで、現在でもヨーロッパの様々な国の郵便マークに使われています。コルネットはポストホルンにバルブがついたもので、トランペットとは系統が違い、音色もよりまろやかです。

実際に郵便馬車に乗ってポストホルンを吹く動画。「Posthorn Klänge der Tecklenburger Postkutsche」
https://www.youtube.com/watch?v=1m8ICLDmB2c

・ホルン

西洋クラシックを代表する楽器の一つ。木管楽器にイングリッシュホルンやバセットホルンなどがあり紛らわしいため、フレンチホルンとも呼ばれます。優美で柔らかい音色が魅力的なのですが、管の長さは伸ばすと4メートルを超え、高次倍音で演奏するのが基本です。そのため、正確な音程を保つために演奏者は常に右手をベルの中に差し込んで音程調節をしており、よい耳と高度なテクニックの要求される楽器です。

ロンドンのフィルハーモニア・オーケストラのyouTubeチャンネルは、クラシックで用いられる個々の楽器の紹介動画をたくさん掲載しており、質が高くわかりやすい。これはホルンの紹介動画。
https://www.youtube.com/watch?v=cKOUFgnrlqY

ローマ時代のコルヌ（Cornu）と呼ばれる、3メートルの管の長さを持ったホルンが複製され、演奏されるようになりました。サウンドや雄大で、複数台によるファンファーレも強力です。

「Cornu de Pompeii」
https://www.youtube.com/watch?v=1lLZgj2FAHA

「Buccina Ensemble Bonn」
https://www.youtube.com/watch?v=pvlVFp3pe0Y

・トロンボーン

発祥はトランペットと同じなのですが、トロンボーンはスライドと呼ばれる管を右手で伸び縮みさせることで音階を生じさせています。この仕組みのおかげで、音程をスムーズに上下させたり、右手でビブラートをかけたりするトロンボーンならではの表現ができます。また、音域が中域〜低域なので、トランペットやクラリネットとのアンサンブルは相性がとてもよいです。

トロンボーンの歴史紹介動画。「The History of the Trombone」
https://www.youtube.com/watch?v=XtnoejeUylc

クラシックとジャズのトロンボーンテクニックの比較動画。「History of the Trombone in Classical and Jazz」
https://www.youtube.com/watch?v=Xf8wloBhWwk

・サクソルン

　サクソルン（Saxhorn）は、１８４０年代にベルギーの管楽器制作者、アドルフ・サックスが考案した金管楽器類です。音が大きく演奏しやすく、工業品としてあっという間に普及しました（特に南北戦争時代のアメリカの軍楽隊）。フリューゲルホルン、ユーフォニウム、チューバなど現在ではおなじみの楽器です。特に、フリューゲルホルンはトランペットやコルネットなどと同じ音域ですが、円錐部分が長く口径が大きいことでより柔らかで深みのある音色が魅力的です。

偉大なフリューゲルホルン奏者、ケニー・ホイーラーの録音風景。「A scene with Kenny Wheeler」
https://www.youtube.com/watch?v=uk3wXEPnrdQ

ユーフォニウムでピアソラを演奏した例。ソロ楽器としても十分な魅力を持っている。
「PIAZZOLLA - Café 1930 // Anthony Caillet, euphonium」
https://www.youtube.com/watch?v=mf2uYqDX8QA

ジョン・ウィリアムズ作曲のチューバ協奏曲。
「ジョン・ウィリアムズ：チューバ協奏曲ーハンス・ニッケルーサンダーリングーＷＤＲ交響楽団」
https://www.youtube.com/watch?v=GyiDwtve-LY

・ディジュリドゥ

木製なのですが、発音原理は金管楽器。オーストラリアの先住民アボリジニの楽器で、シロアリに食われたユーカリの木から作られます。循環呼吸を使って音を続けて演奏するのが特徴です。イギリスのユニット、ジャミロクワイにディジュリドゥ奏者がいたことから、一気に世界的に有名になりましたが、今では様々なモダンな使われ方をしています。

ビートミュージック的にディジュリドゥを使った例。「Adèle & Zalem, Didgeridoo Duet」
https://youtu.be/oXBGZoBYaLY?si=Lyegqy6PUDwt11Ff

木管楽器

木管楽器に分類されるのは、金管楽器（唇の振動によって発音する楽器）以外の全ての管楽器で、内容は様々です。エアリード（リードを使わない）楽器、シングルリード（リード２枚）楽器、ダブルリード（リード２枚）楽器の順番で、代表的なものを挙げていくことにしましょう。

・フルート

西洋クラシックの代表楽器の一つで、現在は筒が金属製ですが、元はトラベルソと呼ばれる木製の横笛で、縦型の笛に比べると表現力が高いです。19世紀半ばにドイツのテオパルド・ベームが大幅に改良し、現在のベーム式フルートとなりました。改良されたフルートは機能性に優れ、バイオリンやピアノ並みに複雑なパッセージをこなす能力を持っています。

フルート属にはサイズ違いのピッコロ、アルト、バス、コントラバスがあり、中でもコントラバスフルートはソロ楽器としても非常に面白いです。

バロック期のフルートのデモ演奏。木製で吹き口が小さいので、音量も控えめで優しい響きだ。指使いが複雑なキーでは、丁寧に吹く必要があり、さらに音量が下がるという。「Introducing the Baroque Flute」
https://www.youtube.com/watch?v=n6Ts2z9tXg8

オーケストラにおけるフルート属の紹介動画。「Orchestration 102: The Wind Section - 4. The Flute Family」
https://www.youtube.com/watch?v=CTOD9tSk934

コントラバスフルートの演奏例。「Contrabass flute solo Jeroen Goossens」
https://www.youtube.com/watch?v=5QSQMyB1C0g

・その他の横笛

龍笛、能管、テグム（韓国）、サオ（ベトナム）、バーンスリー（インド・バングラデシュ・パキスタン）など、世界各地に様々な横笛があり、そのいずれもが強い表現力を持っています。また、見事にその民族風の演奏になるところも興味深いです。

龍笛と能管の違いについての説明動画。「笛『龍笛と能管』～伝統音楽デジタルライブラリー」
https://www.youtube.com/watch?v=aW4zOxS5cUQ

テグム。演奏の抑揚づけはカヤグムやヘグムと共通している。
https://www.youtube.com/watch?v=mz5gZyjSB2E

サオ。竹製で、チューニングが低いのが特徴。1970年代に穴が6から10に拡大され、さらに音域が広がった。手の構えが左右逆のプレイヤーもよく見かける。「Cat Flute (Sao Meo) - H'mong Vietnamese Instrument」
https://www.youtube.com/watch?v=BEc3OlHajBY

バンスリーの演奏動画。演奏者のバキール・アバスは、パキスタンのサッチャル・ジャズ・アンサンブルで有名になり、積極的に海外で活動している。バンスリーの達人だ。「Baqir Abbas playing Lag ja Gale | World's Greatest Flute Master | Lata Mangeshkar | Instrumental」
https://www.youtube.com/watch?v=T831c7eZFpw

・ウィンドウェイのある縦笛

ウィンドウェイとは、空気の通り道をあらかじめ作って、音を出やすくする仕組みです。リコーダー類、ティンホイッスル、スリン（インドネシア）など。すぐに音が出ますが、演奏テクニックはいずれも奥が深いです。木や竹など自然素材のものは音量が控えめですが、筒が金属製で小型のティンホイッスルは大きな音も出ます。

アイルランドのティンホイッスル動画。「Tradi-tional Irish Tin Whistle Music [Doolin Style]」
https://www.youtube.com/watch?v=mpN36I9xr-o

スリンの制作動画。「THE MAKING OF SULING SAKTI (BALINESE FLUTE) BY GUS TEJA」
https://www.youtube.com/watch?v=bzGY5lapG4Y

南アフリカでは１９５０年代にクウェラ（Kwela：ティンホイッスルのアンサンブルによる、黒人の子供達のストリートミュージック）が大流行しました。

「Kwela: The Penny Whistle Phenomenon of 1950s South Africa | Ethnomusicology Explained!」
https://www.youtube.com/watch?v=D5iNtSNTvDs

クウェラの名曲「Little Lemmy Kwela」。
https://www.youtube.com/watch?v=hdYOD40SUgo

・ウィンドウェイのない縦笛

尺八、ケーナ（南米）、ネイ（アラブ）など。長さの違う複数の筒を横並びにしたパンフルートや、サンポーニャもこの仲間です。尺八は竹、ケーナは元は葦、その後竹や木が使われ、材料によって音色がかなり違います、ネイは葦でできています。

尺八の紹介動画。「【尺八 #1】歴史と種類について」
https://www.youtube.com/watch?v=LP1Q6bd8B-c

ケーナ職人の動画。「Laureano Mamani, Músico y constructor de moceños.」
https://youtu.be/8ecwrwzFZ8c?si=E4cq1ugum3ZAy1Mp

トルコのネイ奏者、クドシ・エルグネルの演奏。高い精神性を感じさせる。「YOL - Sufî by Kudsi Erguner」
https://www.youtube.com/watch?v=1_vBEr3PXDY

次に、シングルリードの楽器を見ていきましょう。

・クラリネット類

管の太さがほぼ一定で、管の先の開き具合もさほどではないので、偶数倍音があまり発生しません。奇数倍音が重なった矩形波に近い音なのですが、音の高さによって音色が微妙に違い、４つの音域にそれぞれ名前がついています。指では届かない穴を金属によるキーシステムで合理的に押さえる事ができるようになって、難しいフレーズも容易に演奏できます。リードにはダンチクが使われ、奏者によって硬さ・厚さの好みがあります。

ジャズではスウィング時代のベニー・グッドマンのように花形楽器でしたが、モダンジャズではその地位はサックスに取って代わられることになりました。同族のバスクラリネットは「クールで暖かい」独特の魅力を持っており、特にエリック・ドルフィーが広い音域をジャンプしたり、「キーキー」というノイズっぽい音を逆に切実な表現として利用したことで、一気に魅力的なリード楽器となりました。

クラリネットの歴史紹介動画。「The History and Progression of the Clarinet」
https://www.youtube.com/watch?v=-2Pz6lWhgnk

クラリネットの有名な「Rhapsody In Blue」の冒頭を比較した動画。
「Rhapsody in Blue clarinet solo comparison - 100 years (almost)」
https://www.youtube.com/watch?v=QzLE9C1qFbU

エリック・ドルフィーのバスクラリネットの演奏例。「Charles Mingus Sextet - Feat. Eric Dolphy - Take The A Train」
https://www.youtube.com/watch?v=vAn_gyNcvN4

・サクソフォーン類

サクソルン同様、アドルフ・サックスが１８４０年代に発明した楽器で、７種類のサクソフォンの特許を持っています。クラシック界ではアドルフ・サックスの後継者マルセル・ミュールの活躍で、サックスカルテットをはじめ、多くの近代的な楽曲やアンサンブルが発達しました。しかし、サックス隆盛は何といっても軍楽隊経由でジャズに導入されたことによります。

コールマン・ホーキンス、レスター・ヤング、チャーリー・パーカー、ジョン・コルトレーン、ウェイン・ショーターと続く名演奏者たちが次々と行った革新は、テナー、アルト、ソプラノの３つのサックスの魅力を決定づけました。バリトンサックスにおけるジェリー・マリガンも重要な存在です。

クラシックとジャズの口の形を比較した動画。同じサックス・同じ奏者でもまったく音が変わる。
「Classical v Jazz Saxophone Embouchure」
https://www.youtube.com/watch?v=BSPqDHf2bg0

「So What」でマイルス・デイヴィスと共演するジョン・コルトレーン。

これを視聴するのが、テナーサックスの魅力の証明の一番の方法だ。

https://www.youtube.com/watch?v=zqNTltOGh5c

ミルトン・ナシメントの歌と、ウェイン・ショーターのソプラノサックスの見事な共演。「Ponta de Areia」
https://www.youtube.com/watch?v=VFPIB4rFPIA

次に、ダブルリードの楽器。

・オーボエ

ダブルリードは、リードを向かい合わせに2枚並べた形で、金管楽器で上下の唇で音を作るようにリードを息で震わせて音を作ります。オーボエのリードの材料は、葦の一種のケーンです。ダブルリードの楽器は、整数倍音が多く音色や音高が安定している傾向があり、オーボエはオーケストラでチューニングの基準として用いられます。

バロック期のオーボエの紹介動画。「Introducing the Baroque Oboe」
https://youtu.be/YnwDlLlac_A?si=u9MuRfj0l3xLWWcL

・ファゴット

バスーンとも呼ばれます。リードは、オーボエよりも大きく、中低域のふくよかな音色が魅力です。ジャズやロックでは使われることが少ないですが、ヘンリーカウなどで活躍したリンジー・クーパーは、アンサンブルの中やソロ楽器としても、モダンなアンサンブルの中でファゴットの可能性を大きく引き出しました。

リンジー・クーパーの強力なエレクトリックファゴットソロ。「Lindsay Cooper in 'Democratie' from Mike Westbrook's 'The Cortege'」
https://www.youtube.com/watch?v=qp9KZvwOl9M

・篳篥（ひちりき）とドゥドゥク

ダブルリード楽器の強力さを感じさせる楽器としては、日本の雅楽で用いられる篳篥と、アルメニアの民族楽器ドゥドゥクがあります。アルメニアのディヴァン・ガスパリアンの演奏は、深い宗教性を感じさせる聖なる音楽です。

篳篥の紹介動画。「『雅楽を楽しむ』楽器の紹介その二『篳篥』」
https://www.youtube.com/watch?v=iNUEa_cwr04

ディヴァン・ガスパリアンの演奏。「A Cool Wind Is Blowing」
https://open.spotify.com/track/74EHZDVuASkFGH5BSy9KPp?si=6bbcda8e0e7344a5

・ズルナとチャルメラ

ズルナは古代ペルシアに起源を持つ古いダブルリード楽器です。大変音が大きく、トルコ、ペルシャ、アラブなどで広く使われ、オーボエは管を細くするなどして、小音量化しました。大抵の楽器が大音量化に向かう中、珍しい例です。チャルメラはズルナが中国経由で日本に伝わったもの。屋台のラーメンの客寄せとして使われるのも、音が大きいからですね。

トルコの軍楽隊の演奏。「トルコ、軍楽（メヘテル）『ジェッディン・デデン』|'Ceddin Deden', Mehter, Turkey」
https://www.youtube.com/watch?v=8CvVX-ax10w

中国のチャルメラ=嗩吶（スオナ）のコンサート動画。品格のある立派なソロ楽器だ。「《山郷春》嗩吶／郭雅志 Guo Ya zhi」
https://www.youtube.com/watch?v=TQ9N-RILVM4

・笙（しょう）、ケーンとハーモニカ

シングルリードをたくさん並べ、息を吹き込んで演奏する楽器としては、日本の笙（中国由来）、ラオスやタイのケーン、ハーモニカなどがあります。

笙の演奏例。「【雅楽 笙】壱越調調子三句」
https://www.youtube.com/watch?v=ry-hrO5kTFk

ケーンの演奏例。ラオスやタイの東北部ではポピュラーな楽器で、演奏もグルーヴィー。
https://www.youtube.com/watch?v=VYhGeW1MkbQ

ハーモニカは1824年にウィーンで発売され、ドイツでポピュラーになったのち、世界に広がりました。大別すれば、ダイアトニックとクロマチックの2種があります。手軽で安価なので、日本でも戦後大きな人気がありました。ブルースやカントリーでもよく用いられ、強く息を吸うことで半音下げるベンド奏法が特徴になっています。


サニー・ボーイ・ウィリアムソンの見事な演奏。

「Sonny Boy Williamson- "Bye Bye Bird" 1963 (Reelin' In The Years Archives)」

https://www.youtube.com/watch?v=K-PhBryFulM

リー・オスカーの大きな歴史を感じさせる名曲。「I Remember Home (A Peasant's Symphony) : The Promised Land」
https://www.youtube.com/watch?v=rq9QzevmSH4

クロマチックハーモニカの巨匠トゥーツ・シールマンスとビル・エヴァンスの共演盤。
「Bill Evans & Toots Thielemans - Affinity (1979 Album)」
https://www.youtube.com/watch?v=l4f2c4O8l1Y

ハービー・ハンコックのアルバムにゲスト参加したスティーヴィー・ワンダーが、見事なクロマチックハーモニカソロを披露している。「Steppin' In It」
https://www.youtube.com/watch?v=8UFHn3XPPn8

・アコーディオン、バンドネオン

ピアノ鍵盤式のアコーディオンと、ボタン式のコンセルティーナはどちらも１８２０年代の発明で、蛇腹を用いた新しい器械でした。コンセルティーナは小さく音域も広いため、世界各地に広まり、色々な民族音楽の中でも重用されています。

バンドネオンはアコーディオンとコンセルティーナの中間の大きさ（重さ5〜7kg）で、ドイツからアルゼンチンへ持ち込まれ、タンゴの伴奏楽器となりました。のちにアストル・ピアソラが出現したことで、一つの大きな音楽ジャンルへと熟成しています。

現代のフォークミュージックでコンセルティーナが使われている例。彼らは、五線譜を使わずに曲を作っている。
「Duo Montanaro Cavez - Gaspacho」 https://www.youtube.com/watch?v=srVvtqsQJsY

ピアソラの五重奏団の最高作。アンサンブルの形態としても革新的で素晴らしい。

『Concierto De Tango En eE Philarmonic Hall De New York』

https://open.spotify.com/album/3mNbSw2E37Kx6DQ2Xellzf?si=lDsfzvpuSNOEWgtoaGzmwg

シンセサイザー、サンプラー、コンピュータによるデジタルプロセッシング

・シンセサイザーの発達

１９７０年代からのシンセサイザーの市販化（モーグ、アープ、ＥＭＳなど）は、ポピュラーミュージックに大きな変化をもたらしました。シンセサイザー初期は、シンセサイザーそのものが近未来を表わすメッセージとなりました。

映画音楽を例に挙げるとわかりやすいと思います。スタンリー・キューブリック監督の『時計仕掛けのオレンジ』で使われたウェンディ・カルロスのシンセサイザー音楽、リドリー・スコット監督の『ブレードランナー』で使われたヴァンゲリスのシンセサイザーの多重録音を思い浮かべるなら、それまで聞いたことのないシンセサイザーの音色が映画の題材にぴったりフィットしていたことがわかります。

ウェンディ・カルロスのインタビュー動画。
https://www.youtube.com/watch?v=Z3cab5IcCy8

『ブレードランナー』のシンセサウンドの分析動画。
https://www.youtube.com/watch?v=lTplqVw37ys

面白いのは、シンセサイザーを用いても演奏者のタッチやリズム感が大きく現われることで、似

た機材を使っていても、ＥＬ＆Ｐのキース・エマーソンとイエスのリック・ウェイクマンからは、全然異なる印象を受けますし、スティーヴィー・ワンダーの演奏からは、シンセサイザーはいくらでもファンキーになれるということがわかります。

キース・エマーソンとモーグシンセのドキュメンタリー。「Keith Emerson & Moog Modular Part One」
https://www.youtube.com/watch?v=OiV7jwo4umY

リック・ウェイクマンのライブ演奏動画。「Rick Wakeman Solo ~ Excerpts from The Six Wives of Henry VIII ~ Yessongs (1972)」
https://www.youtube.com/watch?v=bRfxSLcmx7s

スティーヴィー・ワンダーがシンセで大暴れ。「Spring High」
https://www.youtube.com/watch?v=Gxz8f03yxkQ

80年代以降のデジタルシンセの発達は、シーケンサーやリズムマシンの成熟も相まって、それまでエレクトリックギター中心だったポピュラーミュージックの制作プロセスを、根本的に変えてしまいました。スタジオでの録音はアンサンブルの同時録音ではなくなり、シンガー以外は生で楽器を演奏する人がいないのも珍しくなくなります。クラフトワークのアルバム『人間解体』の制作システムは、現在のＤＡＷによる制作の青写真となっています。

クラフトワークの「The Robots」。ボコーダーによるボーカル以外は、すべてシンセ音。
https://www.youtube.com/watch?v=68d8GRgiec4

シンセサイザーの音色は、生楽器を模倣しつつも「シンセストリングス」や「シンセブラス」という名前のように、生とは違うシンセサイザーの魅力を表現するようになり、ポピュラーミュージックにおける音色の選択肢は大きく広がりました。ウォリー・バダルーのアルバム『Echoes』は、ほぼ全編シンセサイザーとリズムマシンでできていますが、これを聞くとビートミュージックとシンセサイザーがとても相性がよいのがよくわかります。

ほぼ打ち込みで作られ、シンセサイザーの魅力がよく現われている。「Keys (Echoes)」
https://youtu.be/7ck8lhwEhgg?si=fprPEmM_t2OkzWPI

・サンプラーの衝撃、ローファイの美学

デジタル技術の発展で、生演奏やレコードの音をサンプリングし、自由に演奏できるように楽器化したのがサンプラーです。初期は高価で音の質も低く、録音できる時間も短かったのですが、あっという間に低価格・高品質化しました。

ヒップホップに代表されるようにリズムを自由に打ち込み、2〜4小節のフレーズをレコードからサンプリングすることで、新しいオリジナルな音楽が簡単にできるようになりました。ヒップホップでは、初期のサンプラーのメモリーの限界から、サンプル周波数やビット数の低いザラザラした音がよく使われました。これが逆に迫力のある音として好まれたことで、音色の感覚に新しい価値

観（ローファイ感）が生まれました。

E-MU社のサンプラー「SP-1200」を使って、90年代のヒップホップの音を作る動画。
https://www.youtube.com/watch?v=m3Fv3sw6kkE

同じくSP-1200を使ってハウスを作る動画。同時代のため、テクノロジーが共通している。
https://www.youtube.com/watch?v=AehxnaKfiBw

ディアンジェロのアルバム『Voodoo』。ヒップホップ経由でR&Bに新しい世界が開けた例。2000年以降のポピュラーミュージックの準拠点だ。
https://open.spotify.com/album/2lO9yuulDgBpSJzxTh3ai8?si=Yg2vA-SeT_ucaSmzkb5EYQ

ローファイ（Lo-Fi）の美学は、クリアでハイファイな音色を求めるのとは全く違った、気持ちよい音色の価値観を持っています。それがどのようなものなのかを理解するには、ローファイな作品を聞くのが一番です。ヤン・イェリネックのアルバム『Loop-Finding-Jazz-Records』やボーズ・オブ・カナダ、日本の冥丁（めいてい）の諸作品は、わかりやすい入り口となるでしょう。

エンソニック社のサンプラー「ASR-10」を用いて作られたヤン・イェリネックの傑作アルバム。『Loop-Finding-Jazz-Records』
https://open.spotify.com/album/6UK4EMYa7by9xwU4eeAoE4?si=Xyu_ZWJmRuKXPyh6QFJUiA

ボーズ・オブ・カナダの1曲。MVのビジュアルも一貫している。
「Boards of Canada - Reach for the Dead (from Tomorrow's Harvest)」
https://www.youtube.com/watch?v=2jTg-q6Drt0

冥丁の近作「刺青」。ピアノを多用しノービートながら、ヒップホップのローファイ感が強い。
https://youtu.be/z5cwdXQtXuU?si=9iGHsqstc0b2zcDd

・コンピュータによるデジタルプロセッシング

第二次大戦後の現代音楽におけるミュージックコンクレートや電子音楽の発展は、アナログ加工した音を素材として音楽を組み上げる、新しい作曲法と新しい音色素材を生み出しました。この流れの中で、現在ライブエレクトロニクスは、生演奏とコンピュータによる音加工の組み合わせで面白い作品がたくさん生まれています。「Max/MSP」に代表されるようなコンピュータソフトによるリアルタイムの音加工は、音色にそれとわかる明らかな特徴があり、そのプロセスと生演奏とのせめぎ合いを聞くのが醍醐味です。

IRCAMで学んだカイヤ・サーリアホの作品例。「Kaija Saariaho - Fall」
https://www.youtube.com/watch?v=S8tPnRyPy98

Max/MSPを用いると、オーディオにリアルタイムに反応するビジュアルもプログラムできる。
「creating audio-reactive visuals in max/msp/jitter」
https://www.youtube.com/watch?v=hcMArZPEz10

音色の拡張

・現代音楽における音色の拡大

現代音楽の一つの流れとして、それまでの生楽器の演奏法を拡大し、新しい音色による表現を追求していくことが広く行われています。前述したジョン・ケージのプリペアドピアノは、必要に迫られたことから来る発明ですが、ブライアン・ファーニホウは意識的にバイオリン、フルート、バスクラリネットなどに難度の高い新しい演奏法を要求しています。面白いのは、これらの演奏がしばしば、デレク・ベイリー以降の完全即興の演奏者たちの音色の選択・音楽の構造と、共通性を示すことです。

ブライアン・ファーニホウの楽曲の演奏例。「Brian Ferneyhough: Unsichtbare Farben for solo violin (1999)」
https://www.youtube.com/watch?v=i4imrPSiZOM&t=15s

デレク・ベイリーの演奏。「Derek Bailey 12-21-01 Tonic, NYC」
https://www.youtube.com/watch?v=xMoHRidtQcw

パーカッションソロのレパートリーも、新作がどんどん作られている状態で、音色から見てもとても斬新です。

クセナキスのパーカッションソロ曲。「Psappha, by Iannis Xenakis」
https://www.youtube.com/watch?v=N2n9tHCkFC0

・新楽器

オンドマルトノやテルミンは有名ですが、こうした電気楽器以外にも、新しい楽器が次々に生まれています。アメリカのルー・ハリソンはジャワのガムランや韓国の伝統楽器などにヒントを得て、自作の楽器を作っています（調律にこだわりあり）。また、ハリー・パーチも43微分音階を元に、多くの自作楽器を作りました。

ハリー・パーチの自作楽器。「The Harry Partch Instrumentarium」
https://www.youtube.com/watch?v=9UZjhTlGT0o

ハリー・パーチの楽器を多用したトム・ウェイツのアルバム『Swordfishtrombones』はアンサンブル的にも非常に面白いです。
「Tom Waits - "Underground"」 https://youtu.be/vaTSQzYIR3U?si=DvTZZGe9Es9mwNns

ドイツのギタリスト、ハンス・ライヒェルが発明したダクソフォンは、ピックアップを用いる電気楽器です。様々な形の木片を弓で弾くやり方で、ユニークかつ表現力豊かな新楽器になっています。

ダクソフォンの紹介動画。「ダクソフォンのセッティング法と弓を使った基本奏法【サンレコ２０１４年６月号連動】」
https://www.youtube.com/watch?v=mtu1fJhqOt0

奴隷として中南米に連れていかれたアフリカの黒人たちが、現地のあり合わせの材料で作った新楽器たちも、すっかり一般化しました。スティールパン、カホンなどです。

スティールパンができるまで。「Fabrication d'un steelpan - Les Ateliers du Griffon - Gus Martineau」
https://www.youtube.com/watch?v=gZU4cg2gHu4

カホンの歴史動画。「History of the cajón - Chapter 1: the Peruvian cajón.」
https://www.youtube.com/watch?v=D56GpTqHenc

大正琴（たいしょうごと）は日本の発明品ですが、インドに伝わり超絶技巧のソロ楽器になっています。マンドリンやバイオリンも、インドに伝わってインド流の超絶技巧楽器になりました。

インドの大正琴。「Banjo (bulbultarang)(swarashree) Mr. Kishor G. Nandoskar. Hindi film song-bol re papi(guddi)」
https://youtu.be/2XPmtTBtDRI?si=V3A-aq0anQ_rkmlD

インドのマンドリン。「Ustad Nasir Sajjad Hussain | Raag Puriya Dhanashree on Mandolin | Indian Classical Music」
https://www.youtube.com/watch?v=XwWOwzly2UA

機械音楽

楽器の中には、人間が演奏せず自動的に曲を演奏するものがあります。ヨーロッパの機械音楽は、工業社会化が始まった19世紀後半に登場します。

・ストリートオルガン（手回しオルガン、バレルオルガン）

音の出る順番にピンを止めたシリンダー（バレルとも呼ばれる）を回すことで、パンパイプのように並んだ笛から音を出す仕組みで、イタリアのオルガン制作者たちがフランスやドイツで18世紀の末に開発しました。シリンダーは手回しが多いですが、時計仕掛けで（重りやバネを使って）演奏するものもありました。

のちに巨大化して、笛に加えてアコーディオンのようにリードを使ったり、スネア・大太鼓・ウッドブロックなどを加えてリズム伴奏もできたり、自動ピアノのようなロールを使うもの（レパートリーが大幅に増える）も現われました（オーケストリオン）。単純なものから複雑なものまで共通するのは、機械の演奏でダイナミクスやテンポの変化に乏しいのが、逆に機械ならではの魅力になっているという点です。

ストリートオルガンでマイケル・ジャクソンの「Smooth Criminal」を演奏。キレのいいアレンジが秀逸だ。
https://www.youtube.com/watch?v=fnb7EqfykF4

・**オルゴール**

オルゴールは、１７９６年にスイスの時計職人アントワーヌ・ファーブルが発明した、という記録があります。もともと懐中時計で音楽を慣らすための仕組みで、調律した金属片を、シリンダーに止められたピンが弾くというのが特徴です。のちにシリンダーの代わりに金属製のディスクにピンを植えた大型のオルゴールも生産され、ディスクを交換することでたくさんの曲を演奏することも可能になりました。この大型オルゴールは音域も広く、音色はとても魅力的です。

近年の例ではビョークがアルバム『Vespertine』で使い、ライブでも特製の透明なオルゴールを「Pagan Poetry」で使ったので、見覚えのある人も多いでしょう。

工場でオルゴールができるまでの紹介動画。「THE MAKING (29) オルゴールができるまで」
https://www.youtube.com/watch?v=gRqcOpOpXww

ビョークの「Pagan Poetry」のライブパフォーマンス。「Björk - Pagan Poetry live on Late Show with David Letterman」
https://www.youtube.com/watch?v=vaDxOhaftkg

・**自動ピアノ**

自動ピアノが実用化されたのは１８４０年代で、蓄音機やラジオが普及した１９２０年代には人気が衰えていきました。自動ピアノが音楽史の中で重要になるのは、コンロン・ナンカロウが自動ピアノのための多くの名曲を作ったことによります。機械でしか演奏できない、無理数比のカノンや、五線譜にかけないリズムを計算尺で測ってピアノロールの該当点を切り抜くやり方で作られた作品群には、人間の考えだが機械にしか演奏できない音楽の美しさがあります。

ナンカロウの作品の中でも美しさが際立つ「Study 12」の演奏。「Conlon Nancarrow, Study for Player Piano No. 12」
https://youtu.be/6bct4T9lkl4?si=nEEXV6tHSiOh6vtB

ナンカロウの作品を演奏したアンサンブル・モデルンのアルバム。『Nancarrow: Studies / Tango / Piece No.2 / Trio』
https://open.spotify.com/album/7xf1ckbMbLSpqyHDlvZEtg?si=pKQOq-M7T7ailSznqtl6-w

現在、自動ピアノは、MIDIによって制御できる普通のピアノに取りつけられるものが製品化されています。これによる魅力的な新しい作品が生まれることを期待します。

・エオリアンハープなど

自然環境の中に設置して、風や水などによって音を出す楽器類です。風で弦が共鳴するエオリアンハープ、水流で音を出す鹿(しし)おどしや、水琴窟(すいきんくつ)などがあります。エオリアンハープは、弦のチューニング次第でどのようにも響きます。

エオリアンハープの実例。「Aeolian harp / Wind harp」
https://www.youtube.com/watch?v=ex8eY-OZ7GU

竹を使ったエオリアンフルートの例。「Aeolian Flutes at Dilston Physic Garden」
https://www.youtube.com/watch?v=CjvZFzvb66A

大きな水のボトルを使ったエオリアンハープの実例。「Aeolian Harp With Three-Gallon Bottle Resonator」
https://www.youtube.com/watch?v=W-wRdLjjzA8

鹿おどしの一例。「京都嵯峨野『落柿舎』の鹿威し　KYOTO」
https://www.youtube.com/watch?v=5iCOrL6Q6UI

水琴窟の一例。「響き日本一の水琴窟 鳥取県三徳山三佛寺」
https://www.youtube.com/watch?v=yeQr0sJNXbM

・町の信号音、携帯の着信音、ゲーム機の音楽やＳＥ

かつて汽車や船の発着には、鐘が用いられました。工業社会化に伴い、船や列車では蒸気で笛を鳴らす汽笛が用いられます。駅の案内音はベルや単純な電子音でしたが、現在ではデジタル録音されたシンセサイザーの音色になっています。携帯電話の着信音も、単純な電子音からチップやメモリの進化によって、デジタル録音された音源なら何でも選べる状況です。ゲーム音も同様で、初期のファミコンでは音源に単純な電子音で三声＋ノイズという制限があったのが、現在ではＣＤクオリティでどれだけ長くてもまったく問題ありません。

こうした音色たちのポイントは、音源よりは再生環境にあります。町の中では、周囲のノイズに埋もれずに信号を伝えるための音量と音質が求められます。

船の汽笛。「Ship Horn - Horn blast from bulk carrier ship 4K」
https://www.youtube.com/watch?v=aVLuOM1VWBc

船の鐘。「Old ship bell ringing - Sound effects」
https://www.youtube.com/watch?v=PViGIqw-UYY

列車の汽笛各種。「36 Seconds of intense train horns!」
https://www.youtube.com/watch?v=Qxa8eCcA1GQ

駅の発車メロディ集。「【作業用】駅の自動放送・発車メロディー集 その14」
https://www.youtube.com/watch?v=Yob5cw6mW58

横断歩道の音の例。「【信号機の音】コイト１０１５号【擬音式】 Pedestrian Crossing Sounds in Japan」
https://www.youtube.com/watch?v=6BqmaQDusg0

コンビニの入店音。「ファミマリーマート セブンイレブン ローソン入店音 素材にどうぞ」
https://www.youtube.com/watch?v=ucxsWy404Ok

電話の呼び出し音の歴史動画。「EVOLUTION OF TELEPHONE RINGTONES」
https://www.youtube.com/watch?v=eEEgoU1Q8Lo

90年代の電話保留音。「【90sの電話保留音】 NTT CP-R20 ハウディ・コードレスホン 保留音・着信音〈ふる研保留音 Vol.12〉」
https://www.youtube.com/watch?v=hdKqziiS7Hs

ゲームミュージックの歴史動画。「A Brief History of Video Game Music」
https://www.youtube.com/watch?v=eSSgqeMkuJM

ファミコンのサウンドトラック集。「31 Best NES (Famicom) Soundtracks [Nintendo Music Tribute]」
https://www.youtube.com/watch?v=-C2WFlz7ifs

第3章 声の音色

k o e

楽器の中でも、人間の歌は特別な位置を占めています。生まれてから最初に経験する楽器であることと、歌詞で意味を伝えることから、コミュニケーションでの優先順位が高いです。

音楽を聞いている時に人の声が入ると、途端に一般の聴取者の注意は歌に集中します（ギタリストは、しばしば歌を聞かずにギターを聞きますが）。ですから、音楽の種類を大きく2つに分けるなら、歌曲（ソング）と器楽曲（インストゥルメンタル）ということになるでしょう。このように人にとっての重要度が高いので、本書ではまるまる1章を声の音色に充てることにしました。

歌のあり方もほかの楽器と同じく、録音物を再生利用するメディアの発達で、随分変わってきました。最近の大きな変化は、何といっても人工の音声合成技術が発達したことです。ボーカロイド（初音ミクなど）や「Synthesizer V」といったコンピュータソフトで説得力のある歌が披露されるようになり、人間が音楽を演奏する最後の牙城と思われた歌声にも、ＡＩの波が押し寄せています。

声の仕組みと言語

人間が言葉を話すようになった歴史的起源には、直立歩行により咽頭の位置が安定し、多様な音を発生させやすくなったことが大きな要因だといわれています。

人間の体から声が出る仕組みを解剖学的に見ると、まず肺から出る息で声帯（木管楽器でいえばダブルリード）を振動させます。声帯から出る声の元の音は三角波で、これを喉・口・鼻に共鳴させることで、様々な音色を作っていきます。

言葉には母音と子音があります。母音（a・i・u・e・o）と、子音のうちの有声音（b・d・

g・v・z・m・n・l・r）は声帯を振動させ、子音のうちの無声音（破裂音p・t・kや摩擦音f・s・hなど）は声帯を振動させません。

子供は親や家族などの発音を真似て喉・口・鼻の使い方を学習し、言葉を覚えていきます。外国語学習においても、ネイティブスピーカーの発音を体得することが重要事項で、母音と子音の数や区分は言語によって随分違うために、母国語の発音のままでは発音の違う外国語は意味が通じません。

英語の発音を説明する動画。「【英語耳】10分で分かる英語の子音と母音のすべて【発音】」
https://www.youtube.com/watch?v=XEeQWzFsq78

また、音節言語（「yesterday」は「yes・ter・day」の3音節）か、モーラ言語（日本語だと仮名一文字が一単位「きのう」は「き・の・う」の3単位）かの違いも歌に大きく影響します。*

＊　音声と歌詞については木石岳『歌詞のサウンドテクスチャー：うたをめぐる音声詞学論考』（白水社）が詳しく刺激的だ。

中国語と英語は共に音節言語です。リズミックなロックやヒップホップのスタイルをモーラ言語の日本人が真似るときに漢字熟語をよく使うのは、その発音が中国由来で子音を含んだ音節として英語と似た響きになるからです。「くに」は「く・に」の区分けですが、「国家」は「こっ・か」となって、「cock」の2音節（co・ck）に近くなります。

また人間の歌には、歌詞に意味があるものと、意味のない音だけのものがあります。最近のポップソングでも、歌詞の一部分が「ラ・ラ・ラ」だったり、アース・ウィンド＆ファイアーの「September」

のサビの「Ba de ya」のように、音だけで意味のないものもありますが、それで不自然に感じたりはしません。

宇多田ヒカルの「One Last Kiss」。サビが「オ・オ・オ・オオオウ」と歌われる。
https://www.youtube.com/watch?v=0Uhh62MUEic

・話し声と歌声

普段他の人とのコミュニケーションで使う話し声と、歌を歌うときの歌声は、同じ人物であってもかなり違います。俳優・声優・アナウンサーといった話すことが職業の人たちは、綺麗で聞き取りやすく音量も豊かになるように訓練しますが、歌の訓練のように広い音域や正確なピッチ（音程）を実現しようとするわけではありません。また、歌声にはクラシックやロック、ポップスなどの音楽ジャンルによる正統な発声法があり、ジャンルと発声がマッチしていないとおかしく感じられます。*

＊　言葉と歌のボイストレーニングについては、福島英『ヴォイストレーニング大全』（リットーミュージック）が詳しい。

言語と歌声も大きな関係があります。例えば、主に北米とイギリスで発達したロックは英語の発音を基本としていたので、日本語でロックを表現するのに、矢沢永吉や桑田佳祐は随分工夫をして日本語を英語風に発音しました。これは日本だけではありません。フランスやドイツ、イタリアのロックは母国語とロック的表現がなかなかマッチせず、カン（ドイツ）やショッキング・ブルー（オランダ）は歌詞を英語にしています。

エルヴィス・プレスリーのスタイルで歌うフランスのジョニー・アリデイ。「Johnny Hallyday "Pony Time" on The Ed Sullivan Show」
https://www.youtube.com/watch?v=HFiD8RYRidY

面白いのはヒップホップで、北米からスタートしたこのジャンルは、その後各国で母国語を使うやり方をそれぞれ開発して成功しています。ヨーロッパでは、外国からの移民系の人たちがヒップホップで活躍しているのが印象的です。

トルコ系ドイツ人ラッパーのアパッチ２０７のヒット曲。「Apache 207 - ROLLER prod. by Lucry & Suena (Official Video)」
https://youtu.be/Fo3DAhiNKQo?si=6GD8eW8Mwxop7Fzp

また、アラビア語には、喉の奥を使う発音がたくさんあり、喉の奥を広く使う言語なので、この言葉を使う人たちの歌声が朗々としていて美しい理由になっていると思われます。

アラビア語紹介動画。「アラビア語ってどんな言語なの？【世界の言語 ００１】」
https://www.youtube.com/watch?v=bKE4dfPZ3Ew

余談ですが、たくさんのクリック音(吸着音・舌打音)を使う南アフリカのズールー語を見てみましょう。

「Incredible Zulu click language - The ultimate tongue twister.」

https://www.youtube.com/watch?v=WHHGOYu6Fl0

２０２４年現在、K-POPは世界規模での成功を収めています。２０２２年デビューのNew-Jeansは、音楽性も高く期待を集めていますが、面白いのは歌詞に英語が多く、また韓国語の部分の発音が英語に近い響きになっていて言語の切り替えに違和感がないことです。[＊] これは、スペイン出身のロザリアがスペイン語のままで北米のチャートに入っているのとは随分違うように思います。

＊　K-POPの発音については、言語学者の野間秀樹による『K-POP原論』（ハザ）が詳しい。

ロザリアの「LA FAMA」は、逆にゲストボーカルのザ・ウィークエンドにスペイン語で歌わせている。「ROSALÍA - LA FAMA(Official Video) ft. The Weeknd」
https://www.youtube.com/watch?v=e-CEd6xrRQc

・声の可能性

近年のヒューマンビートボックスの人たちを見ていると、彼らは（マイクをうまく使って）出したいと想像する音はすべて出すことができる、ということが伝わってきます。リズムマシンの正確なシミュレーションはもちろん、これと同時にシンセベースや様々なシンセ音を出し、並行して普通に歌も歌ってしまいます。

驚異的なヒューマンビートボックスの例。「SHOW-GO - Silver (Beatbox)」
https://www.youtube.com/watch?v=yT3_vLQ3jbM&t=3s

また、モンゴルのホーミー、トゥバのホーメイやカルグラー（低音）、チベット密教の声明（しょうみょう）（低音）などを聞くと、普段ポップミュージックで聞くのとはまったく違う声の音楽があることを実感します。

モンゴルのホーミーの紹介ビデオ。「モンゴル ホーミー『ホーロイン・ホーミー（喉のホーミー）』」
https://www.youtube.com/watch?v=x5wmefcOrBc

トゥバのカルグラー。「canto difonico Tuvano - Dag Kargyraa (Tuvan throat singing)」
https://www.youtube.com/watch?v=GpfHfZvYZEM&t=4s

チベット密教の声明。
https://www.youtube.com/watch?v=G1zOELFAUpQ

アフリカのピグミー族の人たちが歌っているフィールド録音を聞くと、地声と裏声を交錯させながらソロボーカルが始まり、それに見事なリズムで別のメロディが答えるポリフォニーが完全な形で実現されており、とても美しいです。歌詞のないインストゥルメンタルということもあり、現代のクラブミュージックに慣れた人達には即座に「カッコいい音楽」として認知されると思います。

フィールド録音によるピグミー族の歌。「Bobangi」
https://youtu.be/VpD2EOdUFyY?si=WvoTzv94w3rb1_xZ

様々な歌のスタイル

音楽にはいろいろなジャンルがあって、それぞれに楽器の演奏法のスタイルが存在し、同じギターを使ってもブラジルのボサノバとスペインのフラメンコ、北米のブルースではまったく音色が違います。同様に、歌といっても沖縄の民謡、中国の京劇、北米のカントリー、モロッコのグナワではそもそも発声法が異なります。ポピュラーミュージックでも、Ｒ＆Ｂ、ロック、日本の歌謡曲などはそれぞれの美学とオーセンシティー（正当性）を持っています。

たくさんのポピュラー歌手が一堂に会した曲「We Are The World」（１９８５）は、出自の異なる歌い手が数小節ずつ歌い繋ぐ形のため、歌い方のバラエティが明確です。ブルース・スプリングスティーンとスティーヴィー・ワンダーの対比は、ロックとＲ＆Ｂの歌唱法の違いでもあります。

「U.S.A. For Africa - We Are the World」
https://www.youtube.com/watch?v=9AjkUyX0rVw

また同じ歌手でも、音楽のジャンルによって歌声は著しく違います。軽いフォークソングとヘビーなロック（シャウト有り）をポール・マッカートニーで聞き比べてみましょう。

「Goodbye (Home Demo)」
https://www.youtube.com/watch?v=1Elcqz-sjy4

「Oh! Darling (Remastered 2009)」
https://www.youtube.com/watch?v=9BznFjbcBVs

デビュー前のＸＧのドキュメンタリー動画を見ると、歌のレッスンの中でいかに現在のポップ及びR&Bの主流の歌い方を身につけるか（英語の発音を含めて「正当性」を獲得するか）を、非常に厳しく訓練しています。また、彼女たちのオフィシャルチャンネルの「XG LAB CHANNEL」でカバーしているヒップホップ（リリックは引用だらけのオリジナル）は、「ラッパーとしての正しいスタンス」を主張するもので、それに反応するリアクション動画がとても面白いです。

「XG "Tape #2" Cypher Video Reaction」
https://www.youtube.com/watch?v=xGjFVvh5gNY

坂本九の「上を向いて歩こう」は1961年に日本で発売され、63年にビルボードチャートで第1位（年間第10位）を獲得しています。この歌唱を、当時のエルヴィス・プレスリーの「Baby Let's Play House」やハンク・ウィリアムズの「Jambalaya」と比較すると、ヒーカップ唱法（声を随所で裏声にひっくり返す）やホンキートンク唱法（鼻にかけて歌う）が完璧にこなれていて、当時の北米のヒットチャートで王道の歌い方として通用するものだったことがよくわかります。

「Elvis Presley - Baby, Let's Play House (Official Audio)」
https://www.youtube.com/watch?v=xipoD1O-n9o

「Jambalaya (On the Bayou)」
https://www.youtube.com/watch?v=7-BQpRqmwM0

余談ですが「上を向いて歩こう」は北米でヒットする以前、イギリスでもインストゥルメンタルのカバー曲としてヒットしており、楽曲自体も当時のイギリス基準（軽くてスクエアなディキシーランドジャズ）で魅力的だったことがわかります。

西洋クラシックの発声法と声の区分

西洋クラシックの発声を見ると、ドイツ式とイタリア式でかなり異なるようなのですが、どちらも腹式呼吸で顎を引き喉を開いて歌い、体に響かせることで大きな音量を得ることは共通しています。また、低い音から高い音まで音質が変化しないようにレガートで滑らかに歌うことが重要です（これは他のポピュラーミュージックの歌声のあり方の実情と大きく異なるところです）。オペラでは2000人以上を収容する大ホールでマイクなしで公演していたのですから、とにかく大きくて美しい声を作ることに焦点があったわけです。また、楽器と同じようにビブラートも、音を共鳴させ大音量にするための大きな武器でした。

オペラの発声法は、基本的に声帯を含む喉頭の位置を下げ、喉に広い共鳴スペースを確保します。これで太くて柔らかい音質と大きな音量が担保されるのですが、喉頭を下げたまま歌うためには、母音と子音を、普段話しているやり方とは違う形に作り直す必要があります。喉と体を作っていくトレーニングで時間がかかりますが、そもそもこの発声が出来上がらなくてはオペラシンガーとはいえません。

オペラの発声については、車田和寿のYouTubeチャンネルが詳しい。
「【レッスン26】イタリア式発声とドイツ式発声の違いとは？発声を考える上で重要なポイントとは？」
https://www.youtube.com/watch?v=ZK_JNsU-BLA

西洋クラシックでは、男性・女性の声は音域でそれぞれ3区分されています。低い方からバス・バリトン・テノール・アルト・メゾソプラノ・ソプラノとなります（図3-1）。

女声のソプラノは裏声を使いますが、男声テノールは表声です。これ以外に、男性が裏声を使って女声パートを歌うことがカウンターテノールとして定着していました。中世、聖歌隊に女性が排除されていたためです。

現代のカウンターテノール紹介動画。「現代を代表するカウンターテノール4選(modern great countertenors)」
https://www.youtube.com/watch?v=v4wufMsJvDY

この声の区分は、現代のポピュラーシンガーたちの特徴を見るのにも役に立ちます。例えば、BTSのVは近年の男性シンガーとしては低めのバリトンボイスで、「Rainy Days」では低めの艶のある声が魅力になっています。

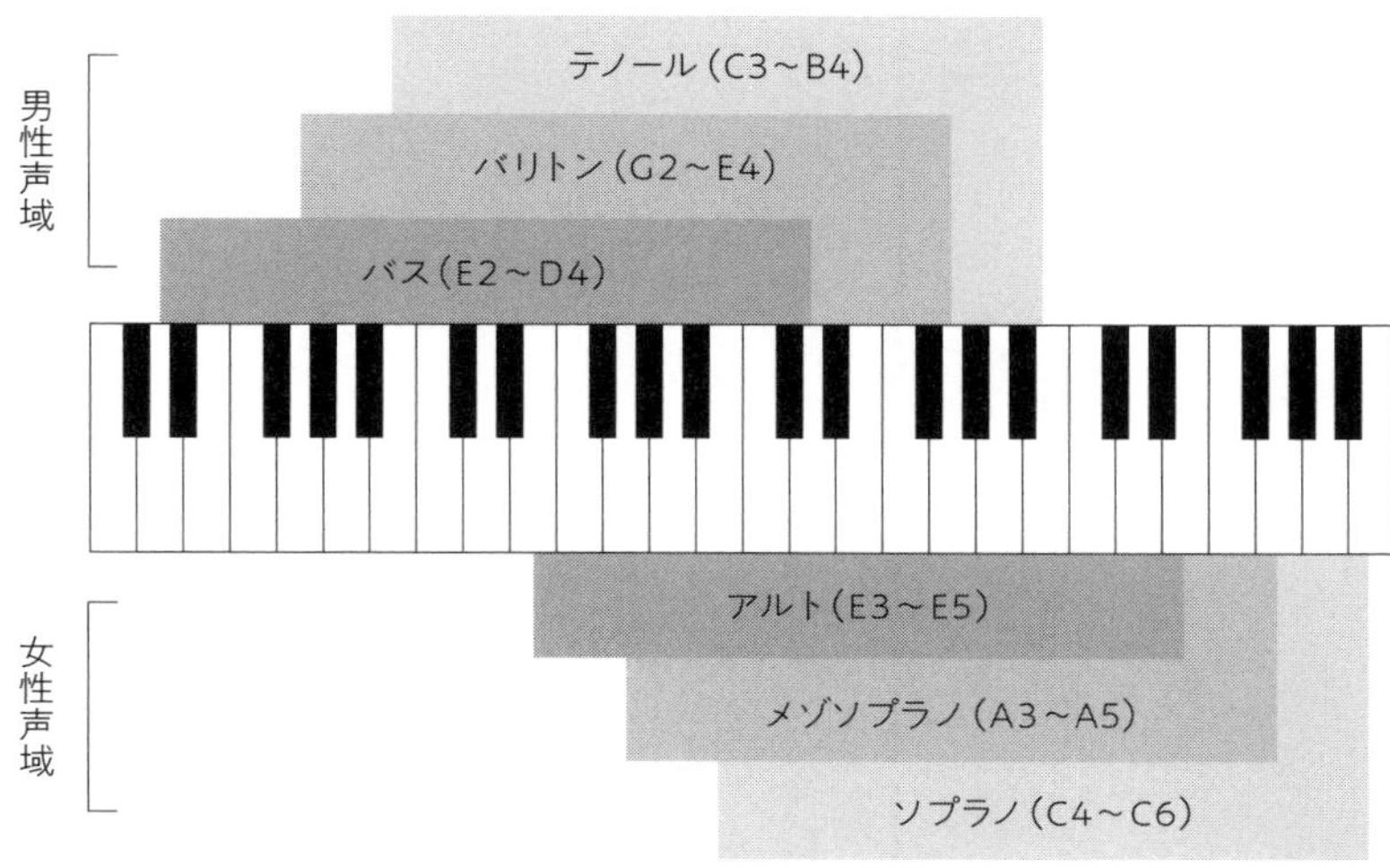

図3-1：6種の声域と特徴

Vの低めの声が気持ちよい「Rainy Days」。「V 'Rainy Days' Official MV」
https://www.youtube.com/watch?v=yTsINmrAK4I

なお、イギリスのミュージシャンには聖歌隊出身者がたくさんいます。ポール・マッカートニー、エド・シーラン、EL&Pのグレッグ・レイクなどは納得ですが、意外なところではキース・リチャーズも13歳で変声期を迎えるまでは優秀な聖歌隊のメンバーでした。

イギリス、ケンブリッジのキングスカレッジ聖歌隊。
https://www.youtube.com/watch?v=lX1zicNRLmY

聖歌隊繋がりで、ビザンティン聖歌についても触れておきましょう。東方教会の音楽は他の宗教音楽同様しっかりとした理論の上に成立しており、スケールはクラシック音楽の平均律に比べると三度と七度が低い調律です。

「Byzantine chant」
https://www.youtube.com/watch?v=4Q8i0CYs-CM

世界の民謡

民謡の発声は、それぞれの土地・民族で、よい声・よい歌が伝統化され、音色として見ると驚くほどのバリエーションがあります。地声（普段の話し声が歌声になったもの）を生かすものが多いですが、特殊な発展を遂げたものもたくさんあります。

また、娯楽としてではなく、子守唄、労働歌、儀礼や宗教と結びつくものなど、歌われる機会も様々です。一人で歌うものと、複数人でコーラスするもの、リーダーとコーラスの掛け合い（コール＆レスポンス）など、様々な形態があります。形態別に、面白いものをいくつか挙げてみましょう。

・一人で歌うもの

アイルランドには、シャンノースと呼ばれる、一人による無伴奏の歌（ゲール語で歌う）があります。男女ともに声を歪めることなく地声で歌われ、アイルランド民謡独特のこぶし回しが素晴らしいです。

「Sean Nós Singing」
https://www.youtube.com/watch?v=N8paj2hQHIo

フィンランドのサミ族の間では、ヨイクと呼ばれる伝統歌があり、独特のしゃくり方で歌われます。

「Three Sámi Joik Songs (Angelin tytöt)」
https://www.youtube.com/watch?v=n0nzf5cAEV8

スイスのアルプス地方のヨーデルは有名です。牧童たちが呼び交わすのに表声と裏声を織り交ぜたのが起源で、もともと歌詞はないのですが、のちに歌曲化しました。アメリカに伝わり、カントリーの中の一ジャンルとしてカントリーヨーデルとなっています。

芸能化したヨーデルの例。「Franzl Lang Yodeling」
https://www.youtube.com/watch?v=8_UnANdDqJc

イランには、タハリールと呼ばれる表声と裏声を素早く移動する唱法が、民謡にも伝統音楽にも多数存在しています。ひばりの美声を再現するための唱法といわれており、ゆっくりと移動するメロディの中で効果的に使われます。

「Tahrir | Yodel in Iran」
https://www.youtube.com/watch?v=dPx5TZwitUw

モンゴルのオルティンドー（「長い歌」の意）でも、高い音（裏声ではない）と低い音を素早く往復するのが大きな特徴となっています。この装飾音以外のメロディの歌い回しは、日本の「追分」や「馬子唄」との類似が指摘されています。

「Amazing voice: Norovbanzad」
https://www.youtube.com/watch?v=1Vr-QiYDHJk

北アフリカのベルベル系の人々の間では、ザグルータと呼ばれる裏声を舌でクルクル回す唱法が顕著です。

「Zaghrouta ｜ Yodel in Arab」
https://www.youtube.com/watch?v=c206Kq6LuRQ

アフリカのカメルーンとコンゴの国境付近の熱帯雨林に暮らす、バカ族のコーラスです。裏声を使うヨーデルが特徴ですが、裏声の高さは一定で、表声の方がメロディックに動きます。

「Yelli-Baka women "yodellers"」
https://www.youtube.com/watch?v=cATZe_jlc9g

YouTube チャンネル「ヨーデル デー Yodel Day」では、ヨーデルに特化して世界のヨーデル動画を紹介しています。

「ヨーデル デー Yodel Day」
https://www.youtube.com/@YodelDay

イスラム教のアザーンは、礼拝時間の呼びかけで宗教上は音楽とは考えられていませんが、大変美しい歌唱です。

アムステルダムで、モスクからのアザーンが論議を呼んでいる、というニュース動画。
https://www.youtube.com/watch?v=sQN8egtqh60

ハワイの、神に祈る詠唱。メロディの切れ目で裏声にジャンプします。

「Aloha Oli (Chant) at Malama-Ki」
https://www.youtube.com/watch?v=sRHjPNDUYaw

日本民謡については、町田佳声・竹内勉の労作があり、竹内勉のラジオの民謡番組の録音を非公式ながらYouTubeで聞くことができます。コマーシャリズムが入る前の生き生きとした民謡の歌唱の数々は、胸に迫ってくるものがあります。

Spotifyのプレイリスト「日本の民謡名撰集」。北海道から沖縄まで、選りすぐりの全１６５曲。日本民謡入門に最適だ。
https://open.spotify.com/playlist/4c1WeBcpcm3RhrNlnETSWC?si=3414ff204087407f

・デュエット、コール&レスポンス

カナダのイヌイットには、女性２人が向かい合い、互いの喉に向かって掛け合いをする喉歌（スロートシンギング）の伝統があります。この伝統は、モンゴルやシベリア、トゥバなどでも見られます。

「Inuit Throat Singing - Katajjaq」
https://www.youtube.com/watch?v=hWN36wBKFBM

ハワイの手遊び歌。月の満ち欠けに名前があり、それに振りをつけて、２人で歌って遊んでいます。

「Mele Helu Pō (Hawaiian Moon Phase Song & Handgame)」
https://www.youtube.com/watch?v=Qn6TsQEQ9GY

アフリカの歌には、コール＆レスポンスがたくさんあります。まずは、タンザニアのゴゴ族の歌と踊りです。

「Wagogo polyphonic vocal music」
https://youtu.be/pWzlF0S29b4?si=dODEyrcFQVhsUx8x

カメルーンの田舎の音楽。大きな瓢箪（ひょうたん）を2つに割ったパーカッションを叩きながら掛け合いで歌っています。片方は下に木の枝を置いて、こすって通奏低音を出しています。

「Local Cameroonian Music with Calabash Instruments」
https://www.youtube.com/watch?v=REeb3UJhNI

アルジェリア、ベルベル系のカビール人の女性コーラス。微分音階を含む節回しが魅力的。ここでもザグルータの唱法が強烈です。

「Ferroudja - Assa Tamaghra - Urar n lxalath - Chant Traditionnel Kabyle」
https://www.youtube.com/watch?v=FLk2FEcg2RM

アフリカの人たちの歌のコール＆レスポンスの形態は、アメリカでの黒人音楽にも引き継がれ、ゴスペル、R＆B、ファンクなどにも顕著です。

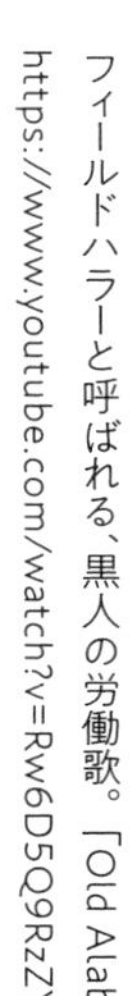

フィールドハラーと呼ばれる、黒人の労働歌。「Old Alabama」
https://www.youtube.com/watch?v=Rw6D5Q9RzZY

ゴスペルの歴史ドキュメンタリー。「The Birth of Gospel— A Chicago Stories Documentary」
https://www.youtube.com/watch?v=eNbMYuwxceo

・コーラス

地中海沿岸には、たくさんのコーラスがあります。まず、コルシカ島。彼らのコーラスは、キリスト教会のコーラスと民謡の歌唱法が混合したものと思われますが、近くで聞くとコーラスの互いの声が共鳴して強烈なピークを作り、耳の奥が震えます。

「Spartimu - Spaziu universitariu Natale Luciani」
https://www.youtube.com/watch?v=N5AL1uJgAIQ

次のウィンドボーン・シンガーズはイギリスの4人組コーラスで、世界のコーラスを研究し歌っています。これはフランスのモン・サン・ミッシェルの教会で、コルシカ島のコーラス曲を歌っているところ。教会のリバーブが素晴らしい効果を上げています。

「Stabat Mater - Windborne - Mont-Saint-Michel」
https://www.youtube.com/watch?v=PH3eUSPvWX8

次は、サルディニア島のスロートシンキング。モンゴルのホーメイにも似たノイズ含みの発声で、一度・四度・五度の完全音程のコーラスが素晴らしいです。マイナーのペンタトニックで地声のユニゾンは日本の民謡と似ていますが、明確な２ビートのリズムでグルーヴィーなところや、ヨーデルのような裏声コーラスが入るところに違いがあります。

「Tenore Supramonte Orgosolo」
https://www.youtube.com/watch?v=z-m3V1cwnPY

東ヨーロッパも、地声の民謡コーラスがとても豊富な区域です。ルーマニアの女性トリオ。

「Trio Mandili - Kakhuri」
https://www.youtube.com/watch?v=EDK9KOfknTw

ブルガリアの女性コーラスはとても有名です。ちょっと意外なところでは、結成時のＣＳ＆Ｎは、１９６６年ノンサッチから発売されたブルガリアコーラスのアルバムを、自分たちの作品の参考にしていたそうです（バリー・マイルズの証言）。

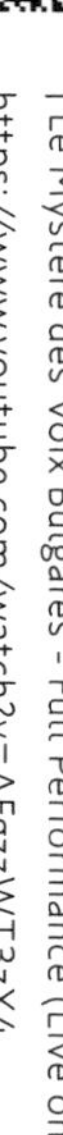

「Le Mystere des Voix Bulgares - Full Performance (Live on KEXP)」
https://www.youtube.com/watch?v=AFgzzWT3zX4

デヴィッド・ボウイの「Warszawa」のメロディの元になったポーランドの混声コーラス曲。民謡の発声と西洋クラシックの発声が混在しています。

「Helokanie」
https://www.youtube.com/watch?v=jYbf9rWRoFs

黒海の南東のジョージアも、普通の人たちの民謡コーラスが素晴らしいので有名です。

「Georgian singing」
https://www.youtube.com/watch?v=LQkaqaHXGVw

中国の少数民族、トン族の女性たちのコーラス。地声で張り上げるコーラスの音色は、ブルガリアの女性コーラスと通じるニュアンスがあります。

「歌わなければもったいない　恋も民族の歴史も合唱と共に」
https://www.youtube.com/watch?v=gmKNpg5tY1c

台湾の先住民族ブヌン族では、男性が円陣を組んで歌う、独自のコーラスがあります。最大８部のコーラスで、ゆっくりと音程が上昇していくのです。儀礼のためのコーラスで、コーラスの出来で儀礼の成否を占うのだそうですが、音楽として聞くとトランス感があって素晴らしいです。

「pasibutbut 2004 八部音合唱 祈禱小米豐收歌」
https://www.youtube.com/watch?v=R9vy7icxXY8

日本の木遣り（きやり）も、男性コーラスのユニゾンですが、素晴らしい音色です。元来は伊勢で木を運ぶときの作業歌で、韓国系の起源を持つようですが、現在は全国に分布しています。

東京、仲見世町会の木遣り。
https://www.youtube.com/watch?v=OfgUVc-LwAY

映画『スケッチ・オブ・ミャーク』では、宮古島の様々な民謡を聞くことができます。中でも伊良部島の神事を司る女性たちの神歌「オヨシ」は素晴らしいです。

「Sketches of MYAHK trailer スケッチ・オブ・ミャーク(宮古島神唄の世界)」
https://www.youtube.com/watch?v=q5ZfxH7ar4A

ギニア北部のクルサのパーカッションアンサンブル。はじめに声でそれぞれのリズムをコーラスしており、これが見事なポリリズムになっています。

「Les Percussions de Kouroussa」
https://youtu.be/BdBRuHuUhJo?si=8o32_Amof94lapha

ポピュラー音楽の発声法

ポピュラー音楽＝大衆音楽として民謡と分けて考えるなら、大きな都市で町の人たちに流行る音楽はすべてポピュラー音楽です。江戸時代の端唄(はうた)とか、中国の清楽(しんがく)などもポピュラー音楽と考えられますが、一般にはだいたい、産業革命を経た近代以降の大衆社会の音楽を考えることが通例となっています。

江戸時代の端唄の一例。「端唄 お江戸日本橋」
https://www.youtube.com/watch?v=7wDQK_w4rZM

録音が始まったのが19世紀の終わりぐらい、円盤型のレコードが発売されたのは20世紀のはじめです。最初はマイクを使わずに直接音振動を記録していて、周波数のレンジも狭く、S／Nも悪いものでした。当時のレコードを聞くと、この状況でも歌が抜けて聞こえるように、高めで音量の大きなシンガーが好まれていたことがわかります。

また、街角やミュージックホールなどでマイクなしで歌っていたことから、声量が大きいことが基本でした。ヨーロッパのオペレッタやイギリスのミュージックホール出身の歌手・芸人たちは、オペラの発声法で歌うことが多く、初期のレコード録音で聞くポピュラーシンガーたちの多くはクラシックっぽいです。

1918年のヘンリー・バーのヒットソング。「1910s Music - Hit Song of 1918 by Henry Burr - Just A Baby's Prayer At Twilight」
https://www.youtube.com/watch?v=a6vp2y9_v-M&t=135s

ブロードウェイ劇場出身のアル・ジョルソンは大きな声で歌っていますが、クラシックそのものというよりは少し地声に近く、歌詞が聞き取りやすい、当時のアメリカのポピュラーシンガーたちの標準系です。

「Al Jolson - Rock-a-Bye Your Baby with a Dixie Melody (1918)」
https://www.youtube.com/watch?v=SQFW7w6g5j4&t=82s

ストリートシンガー出身のエディット・ピアフ（フランス）の初期録音や、カフェ出身のメルセデス・ミロンガ（アルゼンチン）、ドン・アスピアス楽団の「南京豆売り」などを聞くと、マイク録音でもマイクから少し離れ、大きな地声で声を張ったままで歌っていることがわかります。

エディット・ピアフ。「Edith Piaf - Dans La Garçonne 1936」
https://www.youtube.com/watch?v=-r_DkxCM68Y

メルセデス・ミロンガ。「"CANTANDO"---Tango---Mercedes Simone---1933」
https://www.youtube.com/watch?v=pgqi78ZjTz4

ドン・アスピアス楽団の「南京豆売り」。「El manisero (Remastered)」
https://www.youtube.com/watch?v=ZWUFKK5BhgQ

日本の初期レコードヒットを見ると、「東京行進曲」の佐藤千夜子や「酒は涙かため息か」の藤山一郎は、クラシック教育を受けたスタイル。「東京音頭」の小唄勝太郎は、清元（きよもと）・常磐津（ときわづ）・端唄を学んだ芸妓出身です。

１９１４年発売、松井須磨子の「カチューシャの唄」。歌の訓練がされていないので、逆にまるでアイドルのような現代性がある。
https://www.youtube.com/watch?v=TiMpE83f8GM

曲調と歌唱法のミスマッチが著しい「東京行進曲」。
https://www.youtube.com/watch?v=Sss-MRxlgZQ

「小唄勝太郎・三島一聲：東京音頭 Ａ／Ｂ」。
https://www.youtube.com/watch?v=jVz3XpXs0EI

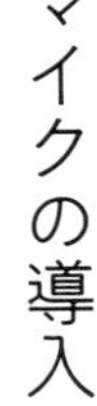

マイクの導入

レコードやラジオ放送でマイクが使われ、さらにライブ演奏でもマイクとＰＡが使われるようになると、ボーカリストはそれまでのように大きな声で歌わなくとも、十分にオーディエンスに声が届けられるようになりました。１９３０年代、ビング・クロスビーはマイクを使って声を張り上げずに滑らかに歌う「クルーナースタイル」を確立、ポピュラーシンガーたちの大きな指標となりました。低音から高音までのバランスがよく、マイクに乗りやすい歌唱法です。

ビング・クロスビーの「I'll Be Seeing You」。１９４４年の録音で、確かに声を強く張らずにとても滑らかに歌っている。
https://open.spotify.com/track/5fAZRZab94ZWRjMe0t81ly?si=986ac6c463d94324

クラシックとポピュラーミュージックの歌い方の違いは、マイクに頼る度合いの違いともいえます。クラシックの発声が体全体が響くイメージなのに対し、ポピュラーミュージックの歌い方はマイクに声が当たるよう、声を前に出すイメージです。

さて、マイクの使用は60年代の若者文化の爆発とともに、素人っぽい歌唱（音量や音質が訓練されていない声）も魅力として鑑賞されるようになりました。ロックやシンガーソングライターたちには「今、これを歌いたい」という気持ちがこもっていたし、未熟なアイドルの歌唱にも「そのままの姿」が伝わってくると、ファンが感情移入しました。好例として、Chaiとフランソワーズ・アルディを挙げておきます。

ChaiのNPRでのライブ。「CHAI: NPR Music Tiny Desk Concert」
https://www.youtube.com/watch?v=2JbCDE6PHvU

セルジュ・ゲンズブールのプロデュースが光る、フランソワーズ・アルディの「さよならを教えて」。

「Comment te dire adieu (Remasterisé en 2016)」

https://www.youtube.com/watch?v=tINyMbNZytI

ちなみに日本の場合は少し事情が違っており、上手な歌を愛好する一方で、未熟な歌唱を愛でる伝統があることも指摘されています。周東美材『「未熟さ」の系譜』（新潮社）の指摘は大変鋭いです。

ボイストレーニングの普及

スポーツ界とよく似ているのですが、日本のボイストレーニングの世界でもこの10年ぐらいで有用な訓練法が広まり、歌が上手になるための道筋は明確になってきました。歌が上手になるための練習は、楽器と同じように基礎から始まって積み上げていくものです。

また、練習の過程で色々な種類・ジャンルの曲を練習することで、自分にフィットする歌い方や、似合う曲も見えてきます。歌が好きで自分で歌いたいという気持ちがあれば、ボイストレーニングによって、誰でも他の人に聞かせて魅力的に響く歌声を獲得できるようになりました。

ボーカルコーチが43人のアーティストを真似する動画。「1人で43種類の声を出す男 - Roomie」
https://www.youtube.com/watch?v=jPoLeJJsbCw

女性版のこれも凄い。声の厚さも自在にコントロールされている。「1 Girl 50 Voices」
https://www.youtube.com/watch?v=GWVRyJECwGk

ロックやフォークが盛んだった１９６０～70年代において、このジャンルのシンガーたちは自分たちで曲を作り、歌い方も同じジャンルの先達を参考としつつも、自分で勝手に工夫していたもので、結果的に個性的な歌声が輩出しました。もし彼らがボイストレーナーに習っていたなら、ニール・ヤングやジョン・ライドンのような歌い手は登場する余地はありませんでした。

しかし現在のボイストレーニングでは、ディーボのマーク・マザーボーやトーキング・ヘッズのデヴィッド・バーンのような、当時非正統的だった歌い方もスタイルとして分類・記録され、発声のバリエーションとしてコピーされ、教えられるものになってきたと感じます。

ここで問題となるのは、シンガー（歌手）になりたいのか、それとも自作自演のシンガーソングライターになりたいのかという区分でしょう。職業としてのシンガー（アイドルを含む）は自分では作詞作曲をせず、プロデューサーから与えられる曲を自分なりに歌っていくことが仕事となるので、ボイストレーニングを主とした歌の練習が必須項目です。これに対してシンガーソングライターは、最初から自分で作詞作曲をするので歌の世界を伝えるのに長け、ボイストレーニングが不十分でも魅力のある歌でコミュニケートすることができます。

昔はギターかピアノの弾き語りができることが普通でしたが、DAWが発達した近年では、まずDAW操作の勉強をして全体のサウンドを作れるようになった上で、自分の歌をセルフプロデュースする人たちが増えてきました。ジェイムズ・ブレイク、ラウヴ、チャーリー・プース、ピンクパンサレス、米津玄師などです。彼らの歌唱には、最初からプロデューサー目線もあるのが面白いところです。

ラウヴの、ホームスタジオでの作業をそのまま見せる動画。「how i made paris in the rain」
https://www.youtube.com/watch?v=v7Kw3NDnSQA

すでに成功したシンガー／アーティストたちも、ボイストレーニングを必要としています。マイケル・ジャクソンもスティーヴィー・ワンダーもスティングも、大成功したのちに皆ボイスコーチについて、喉と体の訓練を続けています。こうしたボイスコーチの人たちは、歌の訓練においては高いプロフェッショナリズムを持っています。

ボイストレーナーとして最も有名な人物であろう、セス・リッグスのホームページ。
https://www.riggsvocalstudio.com/

ニューヨークのボイスコーチ、カレン・ニメラーラのホームページ。
https://www.karennimereala.com/students.html

Auto-Tune と Melodyne

１９９８年のシェールのヒット曲「Believe」は、アンタレス社の音程補正ソフト「Auto-Tune」を一気にメジャーにしました。「Believe」では、Ａメロに Auto-Tune が強くかかり、音程が「ケロケロ」と変化するのが面白く、Ａメロ以外でのシェールの太くて強いナチュラルボイス（録音物なので、もちろん強くＥＱとコンプがかかっているのですが）との対比がよかったです。

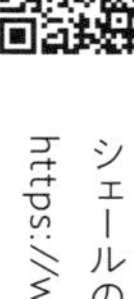

シェールの「Believe」。
https://www.youtube.com/watch?v=nZXRV4MezEw

Auto-tune はダフトパンクの「One More Time」やＴ－ペイン、カニエ・ウェスト、Perfume などの楽曲で大幅に使われています。意外な例としては、２００７年あたりのエジプトやレバノンのアラブ歌謡でもAuto-Tuneが大流行し、アラブの微分音階（アラブのポップシンガーたちは基本的にテクニックが高く、アラブ音楽の微分音程を見事に表現します）をAuto-tuneが平均律に修正するのを面白がっていました。

Auto-Tuneかけ過ぎのアラブ歌謡。「Ya Salam」
https://www.youtube.com/watch?v=a-Wg0GKtZjo

セレモニー社の「Melodyne」はオーディオ編集ソフトで、オーディオの一音一音を精密にエディットすることができます。Auto-Tuneがリアルタイムでの補正を目的にしているのに比べ、MelodyneはＤＡＷ内で録音された音のエディットが目的のため、まったく性格の異なるソフトウェアです。最近のバージョンでは、和音も分離してエディットできます。ＤＡＷベースの音楽制作では、ボーカル編集の標準となるプラグインとなっています。ピッチ修正はとても簡単で、オーディオのクオリティもほとんど変わりません。

細かな編集としては、音の位置や音の長さ、フォルマント、ピッチのしゃくり、ビブラート、ポルタメントなども綺麗に修正していくことができ、どんなに下手な歌でも一通り聞けるところまで直していけます。

Melodyneでコードの編集をしている動画。「Melodyne 5: Working with chords」
https://www.youtube.com/watch?v=VBy_JuYTuGM

歌声合成ソフト（バーチャルシンガー）

２００３年に発売された歌声合成ソフト「VOCALOID」は、２００７年のキャラクター「初音ミク」がブームとなり、一気に一般化しました。ニコニコ動画や同人音楽といった新しい創作プラットフォームの中でボカロＰと呼ばれるクリエイターが活躍し、米津玄師やAYASE（YOASOBI）が世に出るきっかけともなりました。バーチャルアイドルとして現在も人気は高く、日本各地でライブツアーが行われています。

「【初音ミク】『初音ミク「マジカルミライ」10th Anniversary』ダイジェスト【Hatsune Miku "Magical Mirai"10th Anniversary】」
https://youtu.be/HmEZHjOCETA?si=0y6OAWtMRGwmq0EJ

２０１８年の発売以来、バージョンアップを重ねて評価を上げているのが「Synthesizer V」です。従来のサンプルベースの歌声合成にＡＩによる歌声合成をハイブリットし、自然に聞こえるという点では群を抜いています。キャラクターの数も多く、英語・日本語・韓国語・中国語に対応、ラップモードやＡＩのリテイクなど、次々に新しい機能を取り込んでいます。

実際に操作してみると、表現の幅は狭いですが、確かに人が歌っているように聞こえます。仮歌や目立たないコーラスであれば、現状でも十分に通用するレベルです。初音ミクが節回しや声質ではっきりと個性があるので人気が出たのに比べると、Synthesizer Ｖのキャラクターたちは実用性が高いといえるでしょう。

Synthesizer Vの開発者、フア・カンル（Kanku Hua）氏のインタビュー。ＤＴＭステーションより。
https://www.dtmstation.com/archives/45880.html

歌声合成ソフトの比較動画。「【ＤＴＭ】歌声合成ソフト最新４製品の比較【VOCALOID 6】【Piapro Studio】【Cevio AI / VoiSona】【Synthesizer V】【ボカロ】」
https://www.youtube.com/watch?v=8m0mwjKiueo

ア・カペラ

ア・カペラはイタリア語で「教会の礼拝堂で」という意味ですが、のちに音楽用語として声だけの表現を指すようになりました。現在、ア・カペラといわれるスタイルは、１９００年ごろに北米で黒人たちが、バーバーショップ音楽と呼ばれる４声のコーラスを始めたところから来ています。これは１９４０年代に再びブームとなり、ドゥーワップとしてイタリア系やメキシコ系の移民たちの間でも流行しました。

１９９０年代に大活躍したテイク６は、ア・カペラを再興しハーモニーも高度に発展させました。日本でもゴスペラーズが登場し、現在大学のサークルなどでもア・カペラは盛んです。ジェイコブ・コリアーがYouTubeに投稿したビデオで、テイク６スタイルでの一人コーラスを披露したのは大きな話題になりました。

ジェイコブ・コリアーのテイク6スタイルのライブ。特製のボコーダーを使っている。
「Hide and Seek - Jacob Collier [Live at House]」
https://www.youtube.com/watch?v=m7_1HUEvieE

また、近年はア・カペラにボイスパーカッションのメンバーを加えてリズミックなポップソングを演奏する、ペンタトニックスのようなスタイルも増えています。


ペンタトニックスによるダフト・パンクのカバー。意識的にAuto-Tuneなどのエフェクトを使って「今」のサウンドにしている。

「Pentatonix - Daft Punk」

https://www.youtube.com/watch?v=3MteSlpxCpo

音律とスケール

歌のメロディは、スケール（音階）でできています。NewJeansの「ETA」は、一曲丸々B♭のナチュラルマイナーでできており、スケールの7音が曲中ですべて登場します。

NewJeansの「ETA」。
https://www.youtube.com/watch?v=jOTfBlKSQYY

YOASOBIの「アイドル」は、曲中でA♭マイナー・Aマイナー・A♭マイナー・B♭マイナーと頻繁に転調しますが、使われるスケールはナチュラルマイナーが平行移動します。

YOASOBIの「アイドル」。
https://www.youtube.com/watch?v=ZRtdQ81jPUQ

米津玄師の「Lemon」は基本Bのメジャースケールで（一箇所平行調のG#マイナーに解決するための導音Gが入る）、一回G#メジャーに転調し、最後のサビでBに戻ります。

米津玄師の「Lemon」。
https://www.youtube.com/watch?v=SX_ViT4Ra7k

J-POPはダイアトニックのメジャーかマイナーになることが多いです。欧米のロックやR&B経由のポピュラーソングは7th重視のミクソリディアン（メジャースケールのシが半音下がる）でできている曲がたくさんありますが（ビートルズの「Tomorrow Never Knows」が顕著な例）、日本での成功例は奥田民生の「息子」ぐらいで少ないです。

また、ブルースを基調とするシンプルな3コードの曲も欧米に山ほどありますが（プリンスの「Kiss」、カニエ・ウェストの「Love Lockdown」、ビリー・アイリッシュの「Bad Guy」など）、J-POPはメロディはダイアトニックのままで、色々とコードを説明的につけ足す傾向が強いです。

プリンスの「Kiss」。
https://www.youtube.com/watch?v=H9tEvfIsDyo

世界的に民謡からポピュラーソングまで豊富に使われているのがペンタトニック（5音音階）の

楽曲です。メジャー、マイナーともに多数あり、これに1音加えた6音音階のものも合わせると膨大な数になります。坂本龍一の「戦場のメリークリスマス」を思い浮かべてもらえば感じが伝わると思います。ペンタトニックのメロディに、ペンタトニック外の和音を美しく添えていくという形は、ドビュッシー、ラヴェル、バルトークから現代の坂本龍一、久石譲まで広く使われています。

バルトークの「15のハンガリー農民の歌」の1曲目は、Fのペンタトニックに1音加わった民謡のメロディに、高度で美しいハーモニーがつけられていて、とてもモダン。
https://www.youtube.com/watch?v=6maNFWuGd5c

坂本龍一「戦場のメリークリスマス」。
「Merry Christmas Mr. Lawrence / Ryuichi Sakamoto - From Ryuichi Sakamoto: Playing the Piano 2022」
https://www.youtube.com/watch?v=z9tECKZ60zk

音律とスケールは歌のジャンルとも深く繋がるところで、歌の理解のためには、その音楽ジャンルがどのような理論的背景から来ているのかを知ることは重要です。クラシックやジャズの理論を述べた本はたくさんありますが、歌声の観点からの重要な本として、小泉文夫『日本の音』（平凡社）と小島美子『音楽からみた日本人』（ＮＨＫ出版）、アフリカ音楽についての塚田健一『アフリカ音楽の正体』（音楽之友社）、イラン音楽についての谷正人『イラン音楽――声の文化と即興』（青土社）を挙げておきます。

歌のテクニック

ここでは、歌のポイントとなるテクニックについて解説していきます。

・ロングトーン

音量をコントロールしながら、正確な高さ（ピッチ）で音を長く伸ばすことです。西洋クラシックは楽器全般にこの技術を追求しており、楽器の近代化も全てこの方向で進んできました。オペラの発声では特にメロディが大きな音量のまま長く続くことが追求されており、歌詞を発音していても音が途切れないことが美しいとされます。


ジェシー・ノーマンの「アヴェ・マリア」。曲の展開で音量が完璧にコントロールされ、音は音符の長さフルに伸ばされる。

「Schubert: Ave Maria, D. 839」

https://www.youtube.com/watch?v=CGr2nCwOENU

ミュージカルにおいても、大音量で音を伸ばし切ることが求められるので、ポピュラー界で歌が上手いとされる人でもミュージカルでは舞台映えしないことが起こります。ロックの歌唱ではアタックは強く、リズムがよいことは必須ですが、音量は下がっていっても構いません。ロックの歌唱で大音量のまま音を伸ばす、ミュージカル的な表現をしたのがジャーニーのスティーヴ・ペリーで、アメリカのボイストレーナーたちのホームページでは、スティーヴ・ペリーの歌唱を称賛しています。

スティーヴ・ペリーの歌唱を分析する動画。「Journey - Separate Ways - Cover - Ken Tamplin Vocal Academy」
https://www.youtube.com/watch?v=V1A4-GrT4C8

・ビブラート

楽器演奏と同様に、ビブラートも音楽表現の重要事項で、音色の印象の大きな部分になります。人によってビブラートのかかり方・かけ方は大きく違い、意識的にコントロールされている場合、無自覚でいつも同じようにかかってしまう癖の強い場合、あくまでノンビブラートで押し通すスタイル（アストラッド・ジルベルト、荒井由実の「飛行機雲」）などまちまちです。声のビブラートはハモンドオルガンのビブラートと同様、速いものと遅いものの2種類と、ビブラートの深さで見ることができます。

キャスリーン・バトルの「Vocalise」。ビブラートの速さと深さが完璧にコントロールされている。
「Rachmaninoff: 14 Romances, Op.34 - No.14, Vocalise」
https://www.youtube.com/watch?v=NacE6oV_LHg

不安定なビブラートが常時かかっているのがスタイルになった例としては、トーキングヘッズのデヴィッド・バーンがいます。

トーキング・ヘッズの「Psycho Killer」。
https://www.youtube.com/watch?v=eauZzwt8Ci8

速いビブラートが常時かかっているシンガーもおり、奄美島唄の朝崎郁恵はこのビブラートと民謡の節回し・裏声の使用が混ざり合って、非常に魅力的です。

「朝崎郁恵 - おぼくり~ええうみ（ライヴ・ヴァージョン）」。ちなみに、ピアノの和声は、前述のバルトークのやり方だ。
https://www.youtube.com/watch?v=YpQUowcMqRk

遅いビブラートが深くかかるのは、大きな声量を持つ大御所の醍醐味といえるところでもあります。

大きく深いビブラートの例。「布施明 / Akira Fuse『まほろばの国』at ルネこだいら 大ホール (2022/2/19)ダイジェスト映像」
https://www.youtube.com/watch?v=l4lwPU7_Q-w

ビブラートの比較動画。「Fast, Even & Slow VIBRATO!!! Female & Male Singers!」
https://www.youtube.com/watch?v=67Ydx56-Bwc

最近のテクニックとしては、細かいビブラートをフレーズのはじめにサッとかけるスタイルがあります。NewJeans のダニエルは、これを得意技としています。

「DANIELLE - 저곳으로 (인어공주) (인어공주 OST)」
https://www.youtube.com/watch?v=hoOd4rf1LwY

・音程の取り方

バックのサウンドに対して歌の音程をどう取るかも基本的なテクニックです。クラシックの表現では、ソロ楽器のチューニングを数セント（半音が１００セント）高めにすることは、よく行われています。こうすると、オケに埋没せず、明るく聞こえます。協奏曲の独奏バイオリンは、チューニングそのものを少し上げます。

正確な音程に対して低めに歌うと暗く、高めに歌うと明るく聞こえます。ビートルズの「Ob-La-

Di, Ob-La-Da」ではポール・マッカートニーは低めで歌い始め、曲の展開に応じてチューニングを上げていきます（高山博『ビートルズ創造の多面体』より）。

ビートルズの「Ob-La-Di, Ob-La-Da」。
https://www.youtube.com/watch?v=_J9NpHKrKMw

Melodyneで歌の修正をしていると、しっかり平均律に合わせると歌が平板でつまらなく聞こえることがあり、全体を数セント上げたほうがよく聞こえることが時々あります。

・リズム

歌が「前につまる」「後ろにためる」といった表現もありますが、リズムに乗っているかどうかも大きな論点です。ホール＆オーツのダリル・ホールはR＆Bのソウルフルな表現を得意としていますが、常に前ノリで性急な歌い方になっているのが魅力です。

ホール＆オーツの「I Can't Go For That」。
https://www.youtube.com/watch?v=ccenFp_3kq8

ファレル・ウィリアムスの「Happy」は軽い声ですが、リズムのノリがどうやって生み出されているかの研究にはとてもよい材料です。サビでは、小節頭の発音（ハッピーのハなら子音のhから母音のaに移るまでのタイミング）をわざと長く（ためる）ことによってグルーヴを作っています。

ファレル・ウィリアムスの「Happy」。
https://www.youtube.com/watch?v=ZbZSe6N_BXs

ブルース、R&Bやジャズボーカルは、こうしたリズムのノリそのものの音楽のため、リズムに関する表現の宝の山です。ジャズシンガーのサラ・ヴォーンの「バードランドの子守唄」では、冒頭のスキャットだけでも、ホーンセクションと絡み見事な表現になっています。ベースに対してボーカルが少し後ろでジャズ的にスウィングしているのがグルーヴの秘訣です。

サラ・ヴォーンの「バードランドの子守唄」。
https://open.spotify.com/track/5z161QQZMgQxSlLnv3QoJk?si=84a90fb1468d4313

西田佐知子の「コーヒー・ルンバ」を聞くと、バックのラテンリズムの方が曖昧で、西田佐知子の歌の方がグルーヴィーです。ラテンのリズムで強烈にグルーヴする歌としては、セリア・クルーズの「Quimbara」が最高です。

セリア・クルーズの「Quimbara」。
https://www.youtube.com/watch?v=LPRnUujicb4

ジャズ一家に生まれたグレッチェン・パラートは、モダンな形でジャズとボサノバを消化し、素晴らしく高度な歌を披露しています。リズムとピッチコントロールに驚くべきテクニックを持っています。

グレッチェン・パラートの「Butterfly」。手練れのミュージシャンと丁々発止のやり取りが凄い。
「Gretchen Parlato - Live in NYC: BUTTERFLY」
https://www.youtube.com/watch?v=q5HS-5JL2rY

日本では、やはり１９９８年の宇多田ヒカル「Automatic」が、Ｒ＆Ｂスタイルのリズムのノリと日本語の歌詞を無理なく両極にしたことで画期的でした。

宇多田ヒカルの「Automatic」。
https://www.youtube.com/watch?v=-9DxpPiE458

宇多田ヒカルに限りませんが、現在のポップソングではフレーズを部分的に遅らせて置いたり、逆に前目に歌ったりもきちんと計算されて歌われるようになっています。

宇多田ヒカルの「One Last Kiss」の歌い方を解説する動画。
https://www.youtube.com/watch?v=LCmiigm8E8Q

・フェイク、コブシ、しゃくり

前節の「音律とスケール」と深く関係するのが、フェイクとかコブシと呼ばれる、いわば歌の中でのアドリブの部分です。これをいかにかっこよく（もしくはさりげなく）決めるかで、シンガーのテクニックが測られます。

現在の欧米のポピュラーソングの中で基準となっているのは、アメリカのＲ＆Ｂ由来の節回しで、レイ・チャールズやアレサ・フランクリンなどで誰もが知るようになったのですが、今の形で定型化されたのは、マイケル・ジャクソンの影響が大きいと思われます。


アレサ・フランクリンの「I Say A Little Prayer」。歴代最高のシンガーといわれるのも間違いないと思わせる凄さ。

メロディをフェイクしてコブシを回す点だけを取り上げてもとても勉強になる。

https://www.youtube.com/watch?v=TDyiREoBw0o

マイケル・ジャクソンの「Billie Jean」のボーカルだけのトラックを聞くと、彼がどのように歌でリズムを表現しているのかがよくわかります。特に声の切れ目に色々なアクセントを置いてリズムを強調するのが彼の特徴で、その後のポップシンガーたちに大きな影響を与えています。

「Michael Jackson - Billie Jean Vocals Only」
https://www.youtube.com/watch?v=jlqFwVKexQk

アリアナ・グランデ、セレーナ・ゴメス、ジャスティン・ビーヴァー、チャーリー・プースなどアイドルに近いポップスターたちも、歌の中で正確にフェイクを入れており技術が高いです。


アリアナ・グランデによるサンダーキャットのカバー。素晴らしいボーカルテクニック。

「Ariana Grande - Them Changes (Thundercat cover) in the Live Lounge」

https://www.youtube.com/watch?v=M9wvtSgJ1YM

R＆B系のフェイクで大きな特徴となっているのは、メロディのスケールとフェイクで使うスケールが違っていても構わないという点です。普通のメジャースケールの曲でも、フェイク部分にはブルース／R＆B的なマイナーのペンタトニック（図3-2）がよく使われます。

ロックも元は、リトル・リチャードなどの黒人のフェイクを取り入れてスタートしているのですが、ロック自体の長い歴史の中で、ビートルズやローリング・ストーンズはロック的な節回し（ブルースのロック的な解釈）を獲得しました。

リトル・リチャードの「Tutti Frutti」。初期のロックンロールがスウィングのリズムであったこともよくわかる。
https://www.youtube.com/watch?v=8SlOj_-_rTI

チャック・ベリーは白人たちに受け入れられるためにR＆B的な歌い回しを捨てて、白人アーティストのような発声を取り入れたそうです。ソウルフルな歌い方といっても、ジャニス・ジョプリンの個性的な歌い方は、ロックの歌唱法としてレッド・ツェッペリンのロバート・プラントやエアロスミスのスティーヴン・タイラーに引き継がれました。面白い存在として、フィラデルフィア（フィリーソウルの本場）出身のトッド・ラングレンやダリル・ホールがいて、土地柄からか黒人のR＆Bを取り入れた節回しが大の得意です。

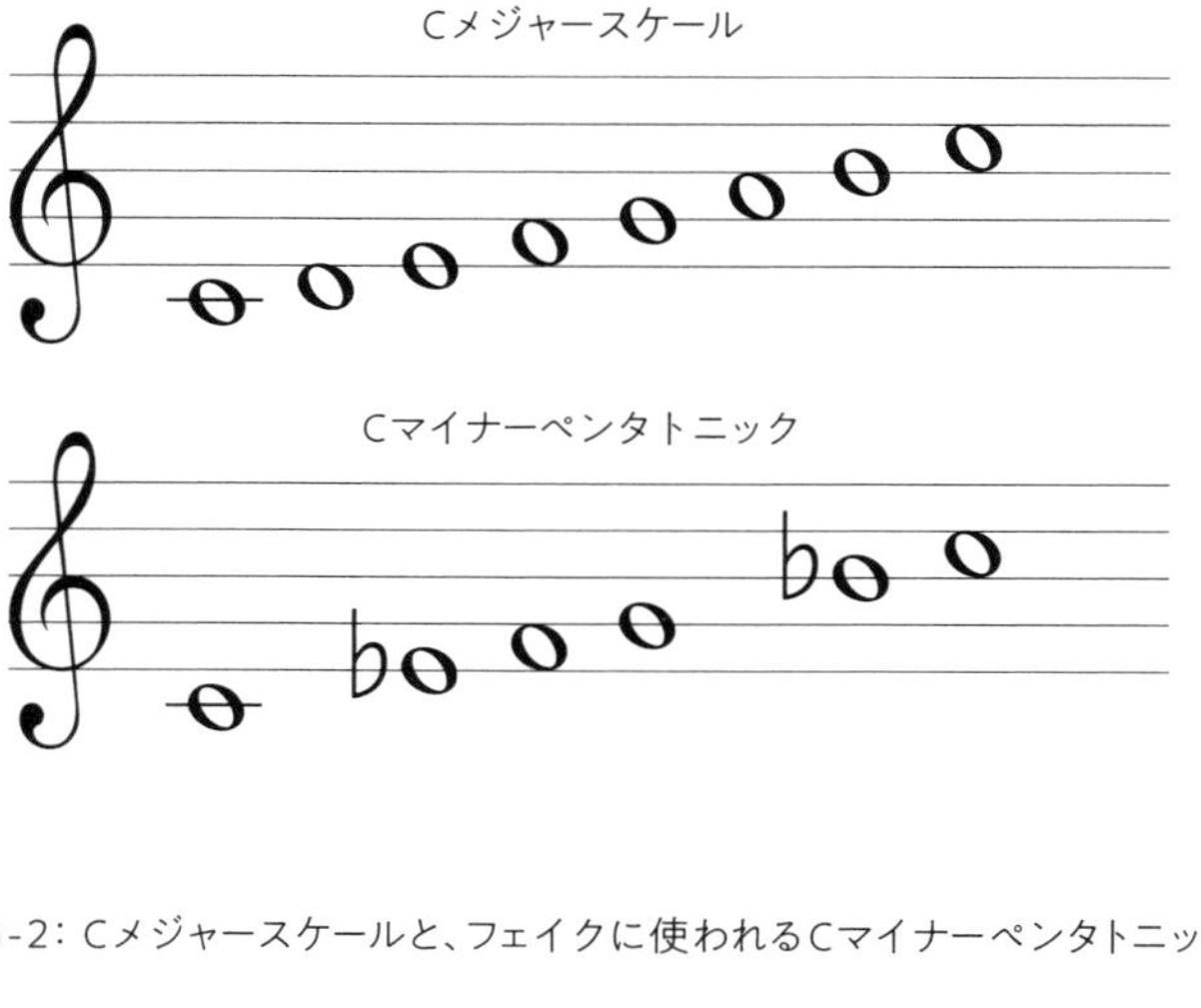

Cメジャースケール

Cマイナーペンタトニック

図3-2：Cメジャースケールと、フェイクに使われるCマイナーペンタトニック

チャック・ベリーはカントリーの歌い方を研究して「Maybellene」を作った。
https://www.youtube.com/watch?v=npkoS9Q3QYk

ジャニス・ジョプリンのボーカルオンリー動画。
https://www.youtube.com/watch?v=zxkrrEWWfE0

トッド・ラングレンの「Wailing Wall」。端々のフェイクにフィリーソウルが顔を出す。
https://www.youtube.com/watch?v=NrmhYni6Qfs

カントリー育ちのテイラー・スウィフトは、現在ではポップス寄りの歌い方でフレーズに抑揚がありますが、R＆B色は薄く、声質はカントリーのものです。このタイプの歌い方も、北米で主流の一つです。

テイラー・スウィフトのボーカルオンリートラック。「Taylor Swift - All Too Well (Acapella Version) Audio」
https://youtu.be/l_Y7C9HcYnc?si=2ykKY2OecuW4S1mp

節回しの要素の一つとして指摘しておきたいのが「しゃくり」と呼ばれる、フレーズ冒頭の速い音程変化です。楽譜では装飾音とか前打音として小さな音符で書かれるのですが、歌の場合はシンガーが計算して加えたり、フェイク的にアドリブでついていたりします。

日本の歌謡曲やアイドル歌唱には、テクニック不足や無自覚から来るスピードが遅いしゃくりが多く、音程の不安定さと共に、大きな特色を作ってきました。

浅田美代子の「赤い風船」。
https://www.youtube.com/watch?v=HlYLkAx1lzk

アニメソングでは、逆にこの「しゃくり」を魅力として意識的に積極利用しているようにも思います。歌謡曲的な「しゃくり」が魅力となっているものとして、平山美紀の「真夏の出来事」と西田佐知子の「くれないホテル」の2曲を挙げておきます。

平山美紀の「真夏の出来事」。
https://open.spotify.com/track/2OvKxd57Ugnsq1cRK8D9ED?si=a79bb0e5ce2d4121

西田佐知子の「くれないホテル」。
https://music.apple.com/jp/album/coffee-rumba-ep/1444859362

世界の民謡はそれぞれ固有の節回しを持っており、それぞれのフェイク／コブシ観があります。むしろ、そういった豊富な民謡の伝統が世界のポップミュージックを面白くしていると考えられます。

元ちとせの奄美民謡の歌い回しが、山崎まさよしの「名前のない鳥」を感動的にしている。
https://www.youtube.com/watch?v=LLZsTOzfAKE

ベトナムのクエック(Quyech)の「Doc Thoai」。歌唱はビョークの影響と同時にベトナムの伝統音楽の発声も感じさせる。
https://www.youtube.com/watch?v=ZVBGQTDXyGg

・エッジボイス

エッジボイスは、あえて声にノイズを混ぜて発声するやり方で、フレーズのはじめや終わり、音程がジャンプするときなどに用いられます。またフレーズの途中でも、エッジボイスを引っかけて元に戻すこともあります。苦しそうに聞こえますが、声帯を閉じることで出すので、喉への負荷は大きくありません。

意識して聞くと、最近のポピュラーソングでは頻繁に用いられています。ジャスティン・ビーヴァーの「Love Yourself」の冒頭や、チャーリー・プースの「We Don't Talk Anymore」のセレーナ・ゴメスのパート冒頭など、枚挙にいとま有りません。

1:20のセレーナ・ゴメスに顕著。「Charlie Puth - We Don't Talk Anymore (feat. Selena Gomez) [Official Video]」
https://www.youtube.com/watch?v=3AtDnEC4zak

エッジボイスをはじめとしたボーカルテクニックの一覧動画。わかりやすい。
「【ボイトレ】歌唱テクニックの全てをそこに置いてきた。【あなたは何個できますか?】」
https://www.youtube.com/watch?v=OnoPJuClGxk

・シャウト

エッジボイスと違って、シャウトは喉を締めて叫びます。シャウトと「がなり」はほぼ同じものです。感情の爆発、ということでリトル・リチャード、ジェイムズ・ブラウン、初期のビートルズ（「Twist And Shout」）、ブルース・スプリングスティーンの「Born InThe U.S.A.」など、非常に魅力的です。

ジェイムズ・ブラウンの「Super Bad」。素晴らしい歌唱で、ほぼ半分はシャウトだ。
https://www.youtube.com/watch?v=XV9a3tUPqTo

Adoの「阿修羅ちゃん」は、色々な声を使い分けてドラマを作り、サビ最後の「あんたわかっちゃいない」がほぼシャウトになります。

「【Ado】阿修羅ちゃん」
https://www.youtube.com/watch?v=cyq5-StPlSU

・裏声、ヨーデル、ホイッスル

裏声（ファルセット）は、声帯を薄く部分的に振動させることで、高い音域を出すテクニックです。西洋クラシックの発声は、声帯を下げ喉を広げ、訓練によって低い音域と高い裏声の音域を、境目なく連続した音色で繋げます。民謡やポップスでは、地声から裏声に移る境目（換声点という）で、音色が変わるのを魅力として使うことがよくあります。

スイスの民謡やカントリーで使われる「ヨーデル」は、それに特化した歌い方です。日本民謡の「ホーハイ節」も有名です。

名人、成田雲竹の「ホーハイ節」。
https://www.youtube.com/watch?v=N7XMQ4glMtQ

最近ポピュラーソングのボイストレーニングで注目されている「ミックスボイス」は、テクニックとしては地声に裏声を混ぜる・地声と裏声を滑らかに繋げる、などなど諸説ありますが、結果として地声と裏声の区別が聞いていてもよくわからず、幅広い音程を滑らかに歌っているアーティストとして、スティングやスピッツの草野マサムネが挙げられます。

ミックスボイスに関する簡潔で有効な説明と練習法。
https://www.youtube.com/watch?v=-HeeblqWnl4

逆に、女性のソプラノの音域で歌う人たちは基本裏声で歌っており、低い音程で地声になります。こうしたシンガーたちは普段の話し声が歌声と全然違って低いことがままあります。昔の日本映画を見ると、電話で話すときに突然女性の声が跳ね上がって裏声になることがよくあります。これは、昔の音の悪い電話機では、高い声の方が聞こえやすかったことから起きた現象でしょう。

裏声よりもさらに高い音を、笛のように出すテクニックを「ホイッスルノート」と呼びます。この発声法が有名になったのは、ミニー・リパートンの「Loving You」が全米で大ヒットしたからで、現在では男性も女性もこのテクニックを使えるシンガーが多くなっています。

「Minnie Riperton - Lovin' You (Official Video)」
https://www.youtube.com/watch?v=9I3UTG1dSTc

「WHISTLE REGISTER! Male Singers VS Female Singers (D6-D8)」
https://www.youtube.com/watch?v=Pa7xuOIK1d4

・声を歪める

ポピュラーミュージックの歌唱法の魅力は、クラシックのように歌声を作るのではなく、普段話す声に近い形で歌うことで、シンガーのキャラクターを身近に感じられるところにあります。シンガーによっては、あえてわざと声を歪めたりザラザラにしたりしてキャラクターを作っている例もあり、初期のボブ・ディランがフォークシンガーの先達に倣って歪んだ歌い方をしたり、トム・ウェイツがわざと声をざらつかせて場末感を演出したりしています。

大音量のロックサウンドの中で叫んでいるうちに自然に声がザラザラに変わってしまった例としては、ジャニス・ジョプリン、ロッド・スチュワート、スティーヴ・マリオットなどがいて、いずれも非常に魅力的です。

スティーヴ・マリオットの歌声。「Humble Pie - Black coffee」
https://www.youtube.com/watch?v=8z9wni2uzR8

また、長年の厳しい生活の中で声が潰れ気味になった例としては、ビリー・ホリデイが挙げられます。彼女の「奇妙な果実」は最も魅力的な歌の一つでしょう。

「Billie Holiday - "Strange Fruit" Live 1959 [Reelin' In The Years Archives]」
https://www.youtube.com/watch?v=-DGY9HvChXk

・小さな声で歌う（ビリー・アイリッシュとNewJeans）

ビリー・アイリッシュは、歌唱法の上で大きな革新をもたらしました。それは、どの曲でもほとんど声を張らず、小さな声で安定して歌うやり方です。メロディのポルタメントはとても滑らかでビブラートも深いので、これは実際にはとてもテクニカルで集中力も必要です。

驚くことに、彼女はコーチェラなど巨大なフェスティバルのライブにおいても、この歌い方を実現しています。もちろんイヤーモニターでスピーカーによる返しがないことが保証されているとはいえ、この状態で、なおかつ何万人というオーディエンスとしっかりコミュニケートできているのは偉大な才能というほかありません。兄のフィニアス・オコネルと自宅スタジオで録音している風景が公開されていますが、本当にびっくりするほどのささやき声で作業しており、必見です。

「Billie Eilish In Studio」
https://youtu.be/gTqgkML81Eg?si=n57uYRFaWW8C69dZ

ビリー・アイリッシュほどではないですが、5人組のガールグループ、NewJeansも自分たちの曲では「小さな声で歌う」やり方を使っています。彼女たちはもともと才能がある上に数年間しっかりとした歌とダンスの訓練を経てデビューしているので、ちゃんとしたテクニック、スキルと表現力を持っています。

録音時には、あらかじめ曲の中で分担が決まっており、それぞれのパートを別々に録音していきます。1曲につきだいたい2回（2日に分けて）の録音回数で、プロデューサーと密接に打ち合わせしながら完成させていきます。

NewJeansの「Cool With You」と「ETA」の録音風景。
「[Making Jeans] NewJeans(뉴진스)'Cool With You' & 'ETA' Recording Behind」
https://www.youtube.com/watch?v=JLgMA9eSHKc

２０２３年のコーチェラ（シカゴ）のライブ映像を見ると、前半のバンドものは生歌で、後半のダンスものは口パクでこなしており、オーディエンスも口パクを当たり前のこととして受け入れています。

年齢と声の変化

子供は、体も小さく声帯も長さが短いので、声が高いです。

ジャクソン5の「ABC」。レコーディングの時マイケル・ジャクソンは11歳。
https://www.youtube.com/watch?v=niXNQ5dEcEA

大人になっていくにつれて声の高さは下がっていき、男性の多くは声変わりして、喉仏が出てきますが、中には体が大きくなっても声が高いままの人もいます。また、話し声が低くなっていても歌声は高いままの人もおり、歌声を聞いた後で話し声を聞くと、その差に驚かされることもあります。

加齢とともに声は下がっていきます。長く活躍するシンガーが同じ曲のキーを下げて歌うのはよくあることですが、78歳のジョニ・ミッチェルが、キーをF#からCまで下げて「青春の光と影」を歌い、歌詞の内容も伴って強い説得力を発揮しているのには感銘を受けます。

25歳のジョニ・ミッチェルの歌唱。裏声との繋ぎがスムーズな美声。
「Joni Mitchell - Both Sides Now(2021 Remaster)[Official Audio]」
https://www.youtube.com/watch?v=yXr2EFomFkU

78歳の同曲。「Joni Mitchell - Both Sides N-ow(Live at the Newport Folk Festival 2022)[Official Video]」
https://www.youtube.com/watch?v=jxiluPSmAF8

歌唱法が特徴的なシンガー

最後に歌声の様々な音色の例として、歌唱法に特徴のあるシンガーを何人か挙げておきます。

・ハウリン・ウルフ

ブルースシンガーたちは、聞き手にあれこれいわせない圧倒的な迫力を持っています。これを聞いたイギリスの若者たちが、リアルに感じられる音楽としてコピーし、ロックに繋がっていったのには、はっきりとした歌・音楽の力が働いています。

ハウリン・ウルフの「Down In The Bottom」。
https://www.youtube.com/watch?v=kcGFdnpf7To

・ミック・ジャガー

ブルースシンガーたちを手本にしつつも、ミック・ジャガーの歌唱法はオリジナルで、誰にも似ていません。喉を大きく開き、大声でほぼがなりながら2時間のライブをこなしていくのは、相当な体力と気力が必要です。また、スタジオ録音における集中力も大したものです。テクニック的には、メロディが下降していくときの流れが不器用で滑らかさが不足しているのが逆に個性として聞こえます。伝統になり得ない、ワン&オンリーの魅力でしょう。

ローリング・ストーンズの「Wild Horses」。
https://www.youtube.com/watch?v=SQTHB4jM-KQ

・マーク・ボラン

声が伸びると必ず速くて細かいビブラートがかかります。山羊の鳴き声の「メ〜〜」という感じで、スティーヴィー・ニックスやシャキーラなど、女性ボーカルには時々見られますが、男性でマーク・ボランのように魅力的なのは珍しいです。

T・レックスの「Get It On」。
https://www.youtube.com/watch?v=FyzWDlOnz0O

・ジョアン・ジルベルト

小さな声でクールに歌うスタイルの創始者。マイクとの距離も近く、唇の「ぴちゃ」という音も入ります。エリゼッチ・カルドーゾとジョアン・ジルベルトの「想いあふれて」を聞き比べると、ジョアンのクールな歌い方こそがボサノバの本質だったのだということがわかります。

ジョアン・ジルベルトの傑作『João Gilberto 1973』。
https://music.apple.com/jp/album/jo%C3%A3o-gilberto-1973/1594412243

・コリン・ブランストーン

ゾンビーズのリードボーカルで、ソロアーティストとしても活躍しています。特徴は、見事なR&Bスタイルかつ、息の成分がとても多い歌い方ということで、ワン&オンリーの魅力があります。

「Colin Blunstone - "Smokey Day"」
https://youtu.be/_rVrexoimnl?si=LX1lPM_kLhStY4Wl

・リチャード・マニュエル

ザ・バンドのキーボード&ボーカル。「Whispering Pine」などでの泣きながら歌っているかのような「泣き節」が有名でエリック・クラプトンなど多くのフォロワーを生みました。

「Whispering Pines (Remastered 2000)」
https://www.youtube.com/watch?v=cML_5PgazW4

・スヌープ・ドッグ

多くのラッパーたちの中でも、スヌープの鼻にかかった、かつ太い声色は、唯一無二の存在感を放ち続けています。あらゆる局面で、絶対に焦ることなく安定したグルーヴを出し続けるアーティストシップの高さは、ボーカリストとして見てもとても優秀です。

ファレル・ウィリアムスのプロデュースも光る、スヌープ・ドッグの「Drop It Like It's Hot」。
https://www.youtube.com/watch?v=GtUVQei3nX4

・戸川純

ゲルニカでデビューした時点で、１９３０年代のモダンカルチャーを戯画化したオペレッタ風歌唱が際立っていました。その後のソロやヤプーズとしてのバンド活動においても、彼女は様々なキャラクターを演じ、そのどれもが際立った歌唱となり結実しています。また、ライブにおけるパフォーマンスも素晴らしいです。

「諦念プシガンガ」。アンデス民謡風メロディに擬古文調の歌詞。歌唱は少女のような声から次第に張りのある尖った音色に切り替えられていく。
https://open.spotify.com/track/6CWWnFee7J7llBqvleZfH6?si=9120fbc0bbd149cf

・平沢進

P-Model 時代からの長いキャリアで、アーティストとしてだけでなく、歌唱だけを取り出しても平沢進が成し遂げたことは多いです。「列車」での日本語ラップの先取り、「Atom Siberia」での半音階の多用、「Frozen Beach」などでの裏声と高い表声の併用と、レジスターの切り替えの快感の強調、「Fish Song」の終止形で、「ド」と「シ」の中間音への帰結などは、どれをとっても高い音楽性を高度な歌唱で実現しています。

「Atom Siberia」。この時期の平沢の歌唱には、微分音的調律が感じられて音楽理論的にも貴重な実践だ。
https://open.spotify.com/track/6c0XKVasvVSlj8o8WGt7ma?si=a5924cb485724d2a

・COCONA（XG）

日本人7人のガールグループ「XG」の最年少メンバーCOCONAは、YouTube動画で公開した「GALZ XYPHER」のラップで、ラップ専門のYouTuberたちを驚かせました。カバーした楽曲のコンテクストや、よく練られた英・韓・日のリリックはもちろんですが、何といっても冷たい低めの声でのラップスキルが抜群だったのです。

デビューまでの長年のしっかりとしたダンス・歌・ラップのトレーニングと、周りのスタッフのセッティングが今のK-POPの世界で戦えるスタンダードに達していることは見逃せません。アメリカのラップがすっかり芸能化しており、オーセンシティを厳しく問う必要がなくなったこともありますが、COCONA本人の持つタレント性の高さは、未来を期待させるに十分なものがあります。

発表当時17歳で、この強さ・冷たさ。「[XG TAPE #2] GALZ XYPHER(COCONA, MAYA, HARVEY, JURIN)」
https://www.youtube.com/watch?v=-L4VisIi9sA

第4章 アンサンブルの音色

ensemble

私たちが普段聞く音楽の多くは、楽器のアンサンブル（合奏）でできています。アンサンブルでできていないのはソロ（独奏）です。3章までは楽器を個別に考えてきましたが、この章では「アンサンブルの音色」について考察します。

音楽のジャンルや年代によって、アンサンブルは楽器の組み合わせがだいたい決まっており、「ジャズのサウンド」「ヒップホップのサウンド」といわれます。また、「70年代のスティーヴィー・ワンダーのサウンド」というように、アーティストによって個別のサウンド感があったりします。

ここで重要なのは、ジャズのフルバンドの中でのピアノと、クラシックでバイオリンの伴奏をしているときのピアノでは、同じ楽器であっても役割や音色感が違うということです。

この章では、様々なアンサンブルの形式から来る音色感を個別に見ていきます。歴史とジャンルから来る典型的な形態と、興味深いアンサンブルの具体例を紹介します。

60年代以降のポピュラーミュージックで顕著なコンボスタイル

このスタイルの標準となったのは、メンフィスのブッカー・T＆ザ・エムジーズあたりだと思われます。エレキギター＋キーボード（オルガン、ピアノ、エレクトリックピアノなど）＋エレキベース＋ドラムの4リズムで、ボーカリストの伴奏をする形です。

ブッカー・T＆ザ・エムジーズの「Green Onions」。スタックスレコードの専属スタジオバンドとして、多くのR＆Bシンガーの録音をした。 https://www.youtube.com/watch?v=OjBRyG8HouM

この形の変形として、ギターがもう一人加わる5人編成（ニューヨークのスタッフ）、キーボードがもう一人加わる（ザ・バンド）、キーボードではなく2ギター（ビートルズ）、パーカッションを加える（ニューオーリンズのミーターズ）など、色々な編成があります。ギターとベースが電気化・大音量化し、このくらいの小編成でも、ジャズのビッグバンドやクラシックのオーケストラに引けを取らない音圧が出せるようになりました。

ザ・バンドの「The Weight」。5人編成で3人がリードボーカルを取れる。録音も素晴らしい。
https://www.youtube.com/watch?v=xLFAQuWFcTo

スタッフがバッキングを務めたカーリー・サイモンの「You Belong To Me」。洗練されきったR&Bサウンドだ。
https://www.youtube.com/watch?v=ukkRG-flg20

ロックやR&Bがどんどん進化していくことで、他のジャンル（ジャズ、カントリー）でもこのアンサンブル形式が浸透しました。また、ボーカリストたちもギターやキーボードを演奏してバンド演奏に参加するし（アレサ・フランクリンのピアノ、ポール・サイモンのギターなど）、そもそもビートルズ以降はバンド形態で複数人がバンド名義の一アーティストとなり、バンドの中にボーカリストがいることも普通になっています。

カントリーの簡単な歴史動画。
https://www.youtube.com/watch?v=Q_GL_ZOp1g

カントリーの現在形の一例として、テイラー・スイフトの「Tim McGraw」。ペダルスティール、マンドリン、バンジョーといった生楽器が加わっているが、サウンド全体は標準的なロックのコンボスタイル。
https://www.youtube.com/watch?v=GkD20ajVxnY&t=19s

ディアンジェロの「Chicken Grease」。これ以上の演奏は不可能なのではと思わせるほどクオリティが高い。
https://www.youtube.com/watch?v=lt2s36sL4aM

ハウスやヒップホップが席巻した90年代以降、音楽の制作過程においてバンドを使うことは下火になっていますが、ライブの時にはカラオケを使うよりもバンド編成が盛り上がるということで、マドンナもハリー・スタイルズもNewJeansも、ライブ専用のバンドを使っています。

ハリー・スタイルズの「As It Was」のライブ。バンドは全員女性で上手い。
https://www.youtube.com/watch?v=s8MIHTI7bUE

このバンドスタイルが最もうまくいっている一例として、70年代にピークを迎えたバンド、リトル・フィートのスタジオライブ「Long Distance Love」を見てみましょう。

「Little Feat - Long Distance Love (rare 1970's footage)」
https://www.youtube.com/watch?v=BLLme1Temmk 4

リズム隊としてドラムにパーカッションを加えた6人編成で、キーボードはウーリッツァーのエレクトリックピアノです。それぞれのパートがきめ細かくリズミックに絡み合っていて、音量的にバランスも取れ、クリックなしで互いの音をよく聞き反応しあっているのがわかります。特にエレキギター、エレクトリックピアノ、ボーカルは周波数帯域に同じ場所にいて、互いの隙間を埋めつつ、時にアクセントを合わせて楽曲のドラマを展開していきます。

歌唱も含めて一発録音。バンドの中でのパワーバランスもうまくいっており、音楽がメンバー全員の表現になっています。もちろん、歌が表現の中心になっているのですが、リスナーが感じるものは電気化されたロックバンド全体のサウンドで、そこに気持ちよさのエッセンスがあるといえます。

このリトル・フィートの演奏に似たアンサンブルとして、例えばビートルズの「Get Back」や、ポール・サイモンの「One Trick Pony」などを聞き比べると、この表現形が標準であることの必然性や、少人数ならではの自由さ・親密さを感じ取ることができるでしょう。

「"Get Back" Rooftop Performance | The Beatles: Get Back | Disney+」
https://www.youtube.com/watch?v=f3Ta3dNdVS8

「Paul Simon - One-Trick Pony (Live)」
https://www.youtube.com/watch?v=zDylgpGHcic

西洋クラシックのアンサンブル

・オーケストラ

オーケストラの標準となる2管編成は、下の図4−1のような組み合わせです。

管楽器奏者の人数で編成を表わします。1管編成はバロックなど主に古い曲を演奏し、室内オーケストラともいわれます。3管編成はロマン派後期から近代の曲に多く、総勢80〜90人です。マーラーやストラヴィンスキーでは4管編成とさらに人数が増え（100ぐらい）、メシアンのオペラでは6管編成で120人編成。音量が大きすぎて、全員が音を出すと自分の音が聞こえないそうです。

標準の2管編成でも合計40〜60人の演奏家が必要になるわけですから、オーケストラが活動を維持するのは手間がかかるし、独立して運営していくにはマネージメントが重要になるのは容易に見て取れます。

2管編成で弱く演奏すると、弦・金管・木管の

木管楽器	フルート	2人
	オーボエ	2人
	クラリネット	2人
	バスーン	2人
金管楽器	トランペット	2〜3人
	ホルン	2〜4人
	トロンボーン	2〜3人
	チューバ	1人
弦楽器	バイオリン①	8〜12人
	バイオリン②	6〜10人
	ビオラ	4〜8人
	チェロ	4〜6人
	コントラバス	2〜4人
打楽器		0〜4人

図4-1：オーケストラの2管編成

音量が揃うのですが、強く演奏すると金管の音量が飛び出ます。また、ＰＡ装置を使うポピュラー音楽のコンサートの大音量に慣れた聴衆からすると、生のオーケストラの音量は小さく感じられます。

さらに、現場で演奏する音楽家の立場からすると、ステージ上で遠く離れた楽器の音は聞こえ辛く、全体のアンサンブル像は想像上のもので、現実には指揮者と各パートリーダーの身振りが無ければタイミングを合わせていくことができません。

これで驚くのは、グスタボ・ドゥダメルの指揮するボリビア・ユース・オーケストラの演奏する「マンボ」で、４管編成（１００人以上）の大人数が、見事なグルーブ（オーディエンスのノリも素晴らしい）で熱い演奏をしています。

距離的には不可能なはずなのですが、ブラジルのエスコーラ・ジ・サンバ（サンバチーム）が何十メートルも離れていても一つの大きなうねりを作るように、大きなシナジー効果が現われています。

「Gustavo Dudamel & Simon Bolivar Symphony Orchestra – Bernstein: West Side Story: Mambo」
https://www.youtube.com/watch?v=NYvEvP2cmdk

イギリスの作曲家ベンジャミン・ブリテンは「青少年のための管弦楽入門」という、オーケストラの各パートを紹介する曲を作っています。

ブリテンの「青少年のための管弦楽入門」をアニメーションで紹介する動画。
https://www.youtube.com/watch?v=dcm-1UP5O2Y

こちらは、4管編成のオーケストラの楽器パートを紹介する動画。マイクを持って司会する指揮者の声が一番大きい。

「Introduction to the Instruments of the Orchestra」
https://www.youtube.com/watch?v=Sr-l2m8twX0

ヘンデルからハイドンあたりの、初期のオーケストラの紹介動画と、オーケストラの歴史についてのウェブ記事も挙げておきます。

「Birth of the symphony: Handel to Haydn (full documentary)」
https://www.youtube.com/watch?v=a8jp2FKmDKM

音楽之友社「オーケストラの歴史を駆け足で学ぶ～発祥は？何人集まったらオーケストラ？」
https://ontomo-mag.com/article/column/history-of-the-orchestra/

さて、オーケストラは様々な楽器が組み合わされることで音色が変化していきます。ムソルグスキーの「展覧会の絵」は元はピアノ組曲ですが、これをオーケストラに編曲したラヴェルのバージョンと聞き比べると、オーケストラの個々の楽器のキャラクターが明快で面白いです。

ラヴェル編曲の「展覧会の絵」がスコアつきで視聴できる。
「Mussorgsky (orch. Ravel) - Pictures at an Exhibition - Complete (Official Score Video)」
https://www.youtube.com/watch?v=O31KPk5xnBg

例えば、冒頭の「プロムナード」では金管楽器のアンサンブルで示されたテーマが、そのまま弦楽器セクションに引き継がれるのですが、低音から高音まで広がりのある和音が、金管と弦楽器でどれだけ違う響きになるのか、わかりやすい音色比較になります。

また、ラヴェルの「ボレロ」も、オーケストラの音色からは必聴。同じメロディを繰り返すうちにだんだん盛り上がってくる構造で、メロディがフルート→ファゴット→クラリネットといった順番で受け渡されていきます。

注目したいのは、途中でメロディが複数の楽器で重ね合わされることです。ホルンの基音の上に第2・第4倍音のチェレスタ、第3・第5倍音のピッコロが重ね合わされて、倍音の豊かな一つの音色に聞こえます。これはパイプオルガンの音色作りを参考にしたのだといわれていますが、単音楽器を重ね合わせて新たな音色を作るやり方です。

スコアで楽器の組み合わせが確認できる、ラヴェルの「ボレロ」動画。
https://www.youtube.com/watch?v=pNIXrdJFTAM

ちなみに、クラシックのオーケストラで定番となっているユニゾンの組み合わせ（ダブリング）としては、フルートとファゴットを2オクターブ離してユニゾンにする、弦のピチカートとバスーン、ホルンとチェロ、オーボエとバイオリン、セレスタとフルート、トランペットとシロフォンなどがあります。次の２つの動画はダブリングとオーケストラ楽器のコンビネーションについてですが、どちらもＤＡＷのサンプル音源を使って説明しています。

ダブリングのテクニックを紹介する動画。「Quick Orchestral Combos You Can Use INSTANTLY」
https://www.youtube.com/watch?v=3EOgJXxjDLc

オーケストラの楽器の組み合わせについての動画。「Common Orchestral Doublings & Combinations (Explored)」
https://www.youtube.com/watch?v=Np6lggHD3aw

・室内楽のアンサンブル

西洋クラシックの音楽用語として厳密に規定すると、室内楽は各楽器パートが1人しかいない少人数の重奏で、通常２～９人ぐらいまでのアンサンブルです。これに対して、合奏は同じパートに２人以上の演奏者がいるアンサンブルです。ソロ楽器にピアノ伴奏がつくものも、重奏の一種と考えられます。

音楽形態として面白いのは、弦楽四重奏（バイオリン×2、ビオラ、チェロ）や木管五重奏（フルート、オーボエ、クラリネット、ホルン、ファゴット）など。ストラヴィンスキーが「兵士の物語」で使った七重奏（バイオリン、コントラバス、ファゴット、クラリネット、コルネット、トロンボーン、打楽器）はジャズにも通じるモダンなサウンドだし、ドビュッシー最晩年の「フルート、ビオラとハープのためのソナタ」もとても美しいアンサンブルです。

室内楽は、演奏者が互いの音を聞きながらアンサンブルを作ることができるので、音量的にもコミュニケーションの点からも無理がありません。室内楽アンサンブルは音量が小さいので、小ホール以上の場所ではＰＡが必要になります。

リゲティの木管五重奏曲「六つのバガテル」。
https://www.youtube.com/watch?v=txMWXvD8kL4

ストラヴィンスキーの「兵士の物語」。
https://www.youtube.com/watch?v=fOpsA69xxyE

弦楽四重奏は、特に同族楽器による音色のアンサンブルの究極といえます。ラヴェルの「弦楽四重奏曲ヘ長調」とバルトークの「弦楽四重奏曲第４番」はそれをよく表わしているし、ケヴィン・ヴォランズの「White Man Sleeps」はこのアンサンブル形態に未来の可能性があることを示しています。

ラヴェルの「弦楽四重奏曲ヘ長調」。
https://www.youtube.com/watch?v=O4a-BNQgqqE

バルトークの「弦楽四重奏曲 第４番」。
https://www.youtube.com/watch?v=E_XNfKk-Qbs

ケヴィン・ヴォランズの「White Man Sleeps」。
https://www.youtube.com/watch?v=PZ-Q5AiARIU

こうした生の楽器のアンサンブルの場合、演奏者にも聴衆にも重要なのが部屋の響きです。反響のないあまりにドライな場所だと演奏がやりにくく、逆にあまりに響きの多い体育館のような場所では、反響音に影響されてうまくタイミングが取れなくなります。

・現代音楽の音色の追求

大雑把に第二次世界大戦後のクラシック音楽を「現代音楽」と考えると、その新しい試みの大きな部分が、「新しい音色の開拓だった」とも考えられます。クセナキスの開発した弦楽器によるトーンクラスター、レコードやテープ録音を編集するミュージックコンクレート、発振器やエフェクターを使う電子音楽、「ＩＲＣＡＭ」を中心に倍音合成で作品を作るスペクトル楽派など、理論的背景は様々ですが、結果としてはそれまで聞くことのなかった音色が創造されてきました。

クセナキスの「Metastaseis」。冒頭の弦楽器のクラスター各種からドローンへの展開だけでも衝撃的で美しい。
https://open.spotify.com/track/1efDBHuz4k6Zei6chsAwfq?si=7f9e1aab354c4a56

ピエール・シェフェールとピエール・アンリの「オルフェ53」。よい音・面白い音がドラマチックに配置されており、聞きやすい傑作だ。「Pierre Schaeffer & Pierre Henry: Orphée 53 (1953)」
https://www.youtube.com/watch?v=XJq3jltducg

音色についての科学的分析から音楽を作ろうとする、スペクトル楽派についての説明。わかりやすい。

「Spectralism - a short introduction to spectral music」

https://www.youtube.com/watch?v=Rs7b4WSxF3w

またこれらの新たな音楽は、ジャズ、ロック、即興音楽など、クラシックとは異なる領域で革新性を求めて活動している音楽家たちとも密接に連携してきました。有名な例はビートルズの「Revolution 9」ですが、現在聞いていてとても刺激的なのは、ホルガー・シューカイの「Persian Love」や、ブライアン・イーノ&デヴィッド・バーンの「My Life In The Bush Of Ghosts」などでしょう。

ホルガー・シューカイの「Persian Love」。短波ラジオから録音したウード、イランの伝統的歌唱や日本の雅楽が、カンのドラマー、ヤキ・リーベツァイトのビートの上で美しく交錯している。
https://open.spotify.com/track/5gpFMlwXya7PUGoAtpGBJq?si=29fcfc62be8e41b8

ブライアン・イーノ&デヴィッド・バーンの「My Life In The Bush Of Ghosts」。異文化からのサンプリングの可能性と問題点を、戯画化されたファンクビートの上で鋭く提示している。
https://open.spotify.com/album/0uWpq6h99OaylNLXe2KPTR?si=yYTSmgVSS0moETolzbRqzQ

・映画音楽とオーケストラ

第二次世界大戦によりヨーロッパの多くの優秀な作曲家たちがハリウッドに移住したこともあって、映画音楽の中でオーケストラは大いに活用されることになりました。ハリウッドの映画の影響は世界的に広がり、ヨーロッパや日本でも素晴らしい映画音楽がたくさん作られています。モーリス・ジャール、エンニオ・モリコーネ、武満徹などの作品は、オーケストラ曲としても大きな価値を持っています。

モーリス・ジャールの映画音楽集動画。「Top 10 Original Movie Scores by Maurice Jarre | The TopFilmScore」
https://www.youtube.com/watch?v=2C7E8LT0Vhk

エンニオ・モリコーネの85歳記念コンサート。「85th Anniversary (Live Concert in the Kremlin Palace)」
https://open.spotify.com/album/5FtE3zCov8ivreYFVHtBYR?si=O3GC-ASCRw2vQYPDQQBzkg

武満徹の映画音楽集。「波の盆 武満徹 映像音楽集」
https://open.spotify.com/album/2exwwCupELOJMULoalzrdj?si=d7OuWtFiQdKEdVs1uTM9xQ

映画音楽にはありとあらゆるスタイルの音楽が使われていますが、同時に、注目すべき作曲家たちのオーケストラ作品の新作を聞く機会にもなっています。生の優秀なオーケストラで録音され、ＤＡＷでかなり加工され、映画館ではよい音で聞くことができます。ジョニー・グリーンウッドやヨハン・ヨハンソンの映画音楽は、オーケストラのコンサート作品にもなっています。

ジョニー・グリーンウッドの曲を演奏するロンドン・コンテンポラリー・オーケストラ。映画『There Will Be Blood』からの曲も重要なレパートリーになっている。「Jonny Greenwood & LCO Boiler Room Manchester Live Performance」
https://www.youtube.com/watch?v=kG8GR1msPpo

ヨハン・ヨハンソンの曲を演奏するコンサート動画。「FSO 2015 Oficial | 'Suite' The Theory of Everything (J. Jóhannsson)」
https://www.youtube.com/watch?v=umj8yGz7qz0

ジャズのアンサンブル

・ジャズの発祥

ジャズのアンサンブルの発展には、南北戦争で使われた楽器が払い下げられたことが大きく関係しています。トランペットやトロンボーンが花形楽器で、低音楽器でチューバも活躍しました。1930年代になると、ドラムもキットとしてシステム化され、木管楽器ではクラリネットからサックスに人気が移っています。

どの楽器においても、スウィングするリズムが大切で、楽器の音色はクラシックのような整理されたものではなく、生き生きとしたグルーヴィーなものになりました。同じ楽器であっても、ジャズの音色とクラシックの音色は異なります。

また、ギターは電気化されてソロ楽器としも認められるようになりますが、音量の小さなバイオリンは何人かの名人を除けば表舞台から姿を消すことになりました。デューク・エリントン楽団が顕著な例ですが、10人を超えるアンサンブルであっても曲のアレンジはメンバーの個性を重んじていて、ジョニー・ホッジス（サックス）やジミー・ブラントン（ベース）、ベン・ウェブスター（サックス）などは、彼らのために曲が当て書きされていたといってもいいでしょう。

ジャズの誕生についての動画。「The Birth of Jazz」
https://www.youtube.com/watch?v=1eRNRzyX3ac

１９２０年代の「ジャズエイジ」についての動画。「Jazz: The Devil's Music (1920s): Culture Shock」
https://www.youtube.com/watch?v=n4qJcWOZH8I

ジャズのテナーサックスの名人たちの足跡をたどる動画。「Tenor Titans (Documentary) 1992」
https://www.youtube.com/watch?v=D2d3toDtUZg

デューク・エリントンの伝記動画。その当時の楽団の音がたくさん聞ける。「Duke Ellington: Reminiscing In Tempo 1991」
https://www.youtube.com/watch?v=XIlRgnp-Cs0

・ジャズのフルバンド

ジャズのフルバンドの構成はサックス×5、トロンボーン×4、トランペット×4にピアノ、ギター、ベース、ドラムスの17人編成が標準です。

重要なこととして指摘しておきたいのは、フルバンドの仕事の多くは歌手の伴奏で、デューク・エリントン楽団はアイヴィ・アンダーソン、カウント・ベイシー楽団はエラ・フィッツジェラルド、トミー・ドーシー楽団はフランク・シナトラといった優秀な歌手を抱えていました。

華やかな金管の響きと広い音楽に対応できる音楽性で、フルバンドは永きに亘ってポピュラー音楽の生演奏を引き受け、日本でも１９８７年までは２つのビッグバンド（ストリングスつき）が紅白に分かれ、ＮＨＫの紅白歌合戦の伴奏をしていました（現在はカラオケスタイル）。

カウント・ベイシー楽団の「One O Clock Jump」。
https://www.youtube.com/watch?v=WjSQwH5qtH0

トミー・ドーシーとフランク・シナトラの「スターダスト」。
https://www.youtube.com/watch?v=bpBvz5YDLo0

・モダンジャズ

第二次世界大戦以降、アドリブ主体のビバップが盛り上がったことや、フルバンドを維持することが経営的に困難になったことから、モダンジャズでは少人数のコンボスタイルが主流になります。ピアノトリオ（ピアノ、ウッドベース、ドラム）からカルテット（トランペットorサックス＋ピアノトリオ）、クインテット（トランペット、サックス、ピアノトリオ）といったところがよくある形です。

ビル・エヴァンス・トリオ、ジョン・コルトレーン・カルテット、マイルス・デイヴィスの60年代のクインテットなどを聞くと、アンサンブルとアドリブパートで様々な音色の組み合わせが展開していくのを楽しむことができます。彼らの演奏は、コンサートにおいてはマイクとＰＡを使っていますが、ステージ上では生のアンサンブルで互いに音量を調整していました。

ビル・エヴァンスのドラムのポール・モチアンは、主にスティックではなくブラシを使って小さな音で。ジョン・コルトレーン・カルテットでは、ピアノのマッコイ・タイナーはコルトレーンとエルヴィン・ジョーンズ（ドラム）の大音量に対抗すべく可能な限りの大音量で演奏していました。

マイルス・デイヴィス・クインテットのトニー・ウィリアムスはとても音が大きく、他の楽器の音が聞こえないほどだったそうですが、70年代にロックスタイルでギターが大音量になると、さらにそれに対抗するためにドラムキットを大型で大音量のものにするとともに、肉体改造をして体も大きくしました。

ビル・エヴァンス・トリオの「Waltz For Debby」。ベースのスコット・ラファロが素晴らしい。
https://www.youtube.com/watch?v=wCINvavqFXk

ジョン・コルトレーン・カルテットとボーカリスト、ジョニー・ハートマンの共演。「My One And Only Love」
https://www.youtube.com/watch?v=fue4mYwJjeU

マイルス・デイヴィス・クインテットの「Foot Prints」。サックスはウェイン・ショーター。
https://www.youtube.com/watch?v=Pxb7pNXJvng

・ジャズの音色

ジャズは、使われる楽器全ての音色に革新をもたらしました。ピアノや金管楽器などクラシックで使われていた楽器でも、リズミックで、生き生きと話しているかのような変化の多い表現、迫力があり、時にノイズも混じるパーソナルな音色（音を聞けば誰かわかる）がよいのです。

他方、アンサンブルの音色を考えると、トランペット、サックス、トロンボーンのホーンセクションによるフルバンドの音色は、近代オーケストラのアンサンブルに匹敵する厚みと表現力を持っています。

ビリー・ストレイホーンの名曲「Chelsea Bridge」にはいくつもバージョンがありますが、1941年のデューク・エリントン・オーケストラのものを聞くと、メロディ楽器が次々に受け渡されていく中で、リズミックなカウンターメロディがトランペット、低音のサックス、トロンボーンなどで対比されていきます。カウンターパートはすべてあらかじめ譜面に書かれていて、和声もとても高度です。

「Chelsea Bridge (1999 Remastered)」
https://www.youtube.com/watch?v=NGBw09LUzKw

コンボスタイルでのホーンアレンジも、ジャズ独特の音色として特記しておくべきものです。代表作としてオリバー・ネルソンの「Stolen Moments」とハービー・ハンコックの「Speak Like A Child」を挙げておきましょう。

エリック・ドルフィーのバスクラリネットが効果的な「Stolen Moments」。
https://open.spotify.com/track/1sce5VJvCOYYDAR9rp9KdG?si=96ad1dbb56e14201

フリューゲルホルン、アルトフルート、バストロンボーンの重心の低い3管サウンドが素晴らしい「Speak Like A Child」。
https://open.spotify.com/track/6GSBBmqOX009TUtParZf2a?si=649ed6356ba24522

ロックのアンサンブル、R&Bのアンサンブル

・ライブ環境の大規模化

エレキギターの導入によって、ロックのバンド演奏はジャズのフルバンド演奏と同じか、それ以上の音量を獲得します。また、演奏会場もジャズクラブのようなこじんまりしたところから数百人クラスのライブハウス、数千人のホール、数万人規模の野外スタジアムと拡大し、オーディエンス用のＰＡや演奏メンバー用のモニターシステムもどんどん発達しました。

ビートルズは１９６６年に「自分たちの演奏している音が聞こえない」という理由でライブ活動を停止しますが、１９６９年のウッドストックやローリング・ストーンズのハイドパークコンサートを見ると、アンプ、ＰＡ、モニターなどが充実し、ステージ上でちゃんとバランスよく演奏できるようになったことがわかります。

ウッドストックでのジミ・ヘンドリックスのライブ映像。「Jimi Hendrix - Live at Woodstock: An Inside Look」
https://www.youtube.com/watch?v=KfGyIMR-al

ローリング・ストーンズの1969年のハイドパークコンサート。

「Rolling Stones - Sympathy For The Devil (Hyde Park,1969) Mick Taylor's First Gig」

https://www.youtube.com/watch?v=W37LyeSrFTY

同じ１９６９年のハーレムカルチュラルフェスティバルのドキュメンタリー『サマー・オブ・ソウル』は２０２１年に公開され、世界的に話題を呼びました。アンプ、ＰＡ、モニターなどのシス

テムはウッドストックなどとよく似ていますが、規模が生のパーカッションがよく聞こえるくらいのちょうどよいバランスで、演奏者とオーディエンスのコミュニケーションもとても自然です。

映画『サマー・オブ・ソウル』のオフィシャルトレイラー。
https://www.youtube.com/watch?v=1-siC9cugqA

ロックコンサートは巨大化の一途を辿り、メジャーアーティストたちがスタジアムを廻るようになるとステージは巨大化し、ステージモニターにドラムも含め演奏者全員の音を詰め込んで大音量で返すことが常套化しました。大音量を求められるロックドラマーの多くは、モニタースピーカーを置く側の耳が難聴になることが多く、ベーシストの多くはドラマーのいる側の耳が難聴になることが多かったです。

・ロックアンサンブルの諸形態

エレクトリックギターを中心とするロックのアンサンブルは、ギターがどのくらい歪んでいるかで違ってきます。エルヴィス・プレスリー、チャック・ベリー、ビーチ・ボーイズ、初期のビートルズなどのサウンドはギター中心ですが、ギターの音色は「ペンペン」していて、音は長くは伸びません。

ジミ・ヘンドリックスの「Purple Haze」（１９６７）を聞くと、歌のバックでもギターの音が一貫して歪み、長く伸びるようになっていることがわかります。この方向はハードロックからメタルという方向に進化していき、ハードコアとなると歪みすぎて、ギターもドラムも記号化していきます。

ジミ・ヘンドリックスの「Purple Haze」。サウンド全体は、まだおとなしい。
https://www.youtube.com/watch?v=WGoDaYjdfSg

ハードロックアルバムのトップ10動画。1位はレッド・ツェッペリンのセカンド。「Top 10 Most Important Albums in Hard Rock」
https://www.youtube.com/watch?v=ghEEOnLhZg8

ハードコアパンクの歴史動画。「Evolution of Hardcore Punk (1978-2023)」
https://www.youtube.com/watch?v=kiNIK5qAiyE

クリーントーンのままで音を伸ばそうという方向性もあり、ダイアー・ストレイツのマーク・ノップラーのようなスタイルはギター用のコンプレッサーを使っています。ライ・クーダー、ボニー・レイット、鈴木茂のようにスライドギターで音を伸ばす方向もあります。

ダイアー・ストレイツの「Sultans of Swing」。
https://www.youtube.com/watch?v=h0ffIJ7ZO4U

ボニー・レイットの見事なライブ。「Bonnie Raitt - Need You Tonight - Later... with Jools Holland - BBC Two」
https://www.youtube.com/watch?v=GhFGrGV_-tY

アンサンブルとして考えると、ローリング・ストーンズのようにクランチサウンドでドラムやボーカルと絡んでいくのが実りの多いゾーンです。

ローリング・ストーンズの「Brown Sugar」。
https://www.youtube.com/watch?v=Fmfi3UbDPnQ

現在、ジャック・ホワイトやビッグ・シーフのようなアーティストは、エレキギターの音色のバリエーションを軸に音楽を組み上げています。

ホワイト・ストライプスの「Seven Nation Army」。
https://www.youtube.com/watch?v=0J2QdDbelmY

ビッグ・シーフの「Masterpiece」。
https://www.youtube.com/watch?v=oacUgWXrqwc

・R&Bのアンサンブル

１９６０年代以降のR&Bは、ロックとは異なる形のサウンドに発展していきます（ギターの役割が違う）。アル・グリーンの「Let's Stay Together」、マーヴィン・ゲイの「What's Going On」、スライ&ザ・ファミリー・ストーンの「Family Affair」を聞いていくと、これらのコンボサウンドが、本章１節のポピュラーミュージックの標準スタイルとなっていくことが実感できます。

アル・グリーンの「Let's Stay Together」。
https://www.youtube.com/watch?v=XXx6RDzR6eM

マーヴィン・ゲイの「What's Going On」。
https://www.youtube.com/watch?v=ApthDWoPMFQ

スライ&ザ・ファミリー・ストーンの「Family Affair」。マエストロ社のリズムマシンも使っている。
https://www.youtube.com/watch?v=xag5RKDOVHk

ジェイムズ・ブラウンの作ったファンクも重要で、16ビートの中で歌を含めたすべてのパートがリズミックに絡み合うアンサンブルは、全体が一つの大きな音色を形作っています。

ジェイムズ・ブラウンの「Sex Machine」。ベースの音を切るタイミング、ギターのカッティングの精度、素晴らしい。
https://youtu.be/JOD-M7WZkZQ?si=-FOOOlagRCwN9lIS

また、フィラデルフィアのフィリーソウルで用いられる流麗なストリングスサウンド（ストリングス主体の軽いポピュラーソングからの転用）と、タワー・オブ・パワーやアース・ウィンド&ファイアーで用いられるソリッドなホーンセクション(ジャズのホーンセクションのファンクへの転用)も、R&Bで顕著な2つの音色と捉えることができます。

フィリーソウルを代表するオージェイズの「Back Stabbers」。ストリングスが劇的。
https://www.youtube.com/watch?v=QcAt3Ie3oas

タワー・オブ・パワーの「What Is Hip?」。リズムセクションとホーンの切れが凄い。
https://youtu.be/9OS1t1Mu6dI?si=MH_OeTFZw_I28Eu2

なお、ニューオーリンズの巨匠アラン・トゥーサンは1972年のザ・バンドのアルバム『Rock of Ages』に5管（チューバ、バリトンサックス、クラリネット、イングリッシュホルンなどの持ち替えが多い）のホーンアレンジを提供しており、ジャズやR&Bを包含するニューオーリンズ音楽の大きな成果です。

「Rock Of Ages (Expanded Edition)」
https://www.youtube.com/playlist?list=OLAK5uy_khfpVg17OElLnbKxm2ydvxu84BJOIKSRQ

現在のポップミュージックのライブアンサンブル

現在、大規模なコンサートにおいては、演奏者はほぼ間違いなくイヤーモニターのシステムを使っています。演奏者同士の距離による音の遅れ、モニタースピーカーを使った場合のフィードバック、クリックやバックトラックとの同期といった問題を一気に解決できます。

低音の迫力を体感したい場合には、背中に背負うタイプのモニタースピーカーも開発されています。オーディエンスが聞く音をミックスするエンジニアとは別に、演奏者のモニター専用のエンジニアが舞台袖で仕事するのが標準的で、ボーカル専用のエンジニアが楽器演奏者のエンジニアとは別にいることも普通です。

背中に背負うモニター「SUBPAC」の紹介動画。「What is SUBPAC?」
https://www.youtube.com/watch?v=xwO9UUoEETM

イヤーモニターのシステムが最初にコンサートで使われたのは１９９２年６月25日、ロックバンドのグレイトフル・デッドのシカゴコンサートだったそうです。

NEWS PHONIC「イヤモニ誕生秘話。（エピソード３）『グレイトフル・デッドによる世界で初めてのＩＥＭの利用』」
https://ear-monitor.com/?p=5114

イヤフォンは、正確に低音から高音まで音を伝え、動いてもずれないように、あらかじめ一人一人耳の形を採った専用のものです。オーディエンスの反応が聞こえないのと、体から音圧を感じられないのが欠点ですが、環境としてはヘッドフォンを装着して録音スタジオで演奏するのに近く、慣れれば演奏しやすいです。

また、小型で高品質なマイクとワイヤレスシステムの発達のおかげで、ボーカル、バイオリン、アコースティックギターなども、繊細で小音量な表現も大規模なコンサートで発揮できるようになりました。

演奏家は逆にイヤーモニターを使いつつ、上手に演奏する技術が求められています。バイオリンであれば、従来演奏家は耳から聞こえる音と、顎から伝わってくる骨伝導の音を聞いて演奏していたのですが、イヤーモニターの音を聞きながら演奏するときには、骨伝導の成分がほとんど感じられないのです。

イヤーモニターを、現場のミュージシャンが解説する動画。
https://www.youtube.com/watch?v=izEwJQjWFus

イヤーモニターの中の音と、ステージ上の音が比較試聴できる動画。
https://www.youtube.com/watch?v=mHoljbkyAEs

YouTubeにはNewJeansをはじめとするＫ－ＰＯＰのアーティストたちが、ステージで演奏をする際のイヤーモニターの音が多数掲載されています。バックトラックやコーラスはあらかじめ録音されているのに加えて、演奏が始まる前のプリカウント、次のパートに移る前の説明、クリックなどが入っています。

打楽器主体のアンサンブル

世界の色々なアンサンブルの中で、打楽器が中心になったものを見ていきます。紹介するもののほとんどが生演奏で、サルサ以外はマイクやＰＡは用いません。

・西アフリカの打楽器アンサンブル（オゲネ、ジャンベ）

ナイジェリア東部のイボ族では、オゲネ（Ogene：大きな2連のカウベル）を中心に、ウドゥ（Udu：陶器の壺、低音担当）や、小型のシェケレなどを使ったパーカッションアンサンブルに、歌のコール&レスポンスが乗るオゲネミュージックが行われています。オゲネは叩く場所によって音程が変わり、オープンとミュートで音の長さもコントロールできます。多彩な音色でリフやソロを演奏、ほかのパーカッションとのアンサンブルにより、簡単な楽器からは思いもつかない幅の広い音楽表現になっています。リズムとラップでできているヒップホップに慣れた耳の持ち主であれば、オゲネミュージックの素晴らしく切れのよいリズムアンサンブルに魅了されるでしょう。

「ogene udu 1」
https://www.youtube.com/watch?v=RVwJTXz7j98

笛も加わったオゲネ。「OGENE IGBO : Special Dedication to Odogwu Israel Chikwado Ogbonna」
https://www.youtube.com/watch?v=P3CQaPQ5g-U

ギニア出身のママディ・ケイタの世界的活躍で、ジャンベのアンサンブルもすっかり日本でおなじみになりました。ジャンベにドゥンドゥン、サンバン、ケンケニなどの円筒型太鼓を加えたギニアのパーカッションアンサンブルは、音量も豊かで音楽的にもとても優れています。周波数的に見るならば、重低音から高音まで役割の違う楽器と演奏法（ジャンベでは、まず低・中・高の3つの音を正しく叩き分けることを学ぶ）が徹底され、それらを互いに異なるポリリズムのパターンとして編成していくことが音楽となっています。

ママディ・ケイタのビギナー向けリズム解説動画。「Mamady Keita (Beginner) Rythmes Traditionnels du Mandingue」
https://www.youtube.com/watch?v=EO7gcclCAcQ

ママディと並ぶジャンベ名人、ファマディ・コナテの紹介動画。「Famoudou Konate - King Of Djembe」
https://www.youtube.com/watch?v=0PM6sSXHL3E

・アフリカから新大陸に広がった打楽器アンサンブル（ソン、サルサ、サンバほか）

アフリカから世界各地に奴隷として送られた人々は、各地でパーカッションを主体とした音楽を展開していきます。キューバでは宗主国であるスペインの音楽・楽器と混交して、ソンと呼ばれるスタイルが生まれました。標準編成はボンゴ、クラベス、マラカス、トレス（複弦3コースのギター）、6弦ギター、ベースで、楽器担当者がコーラスも兼任する6人組。のちにトランペットも導入されて7人組になりました。ここからチャチャチャ、マンボ、グァヒーラといったリズムスタイルも発展し、フルートやバイオリンを加えたチャランガといったスタイルも登場します。

ソンの偉大なバンド、セプテート・ナシオナルの歴史をたどる動画。「Origins of Son Cubano Septeto Nacional de Ignacio Piñeiro | Tres Cubano | Cuban Tres」
https://www.youtube.com/watch?v=8SP1qICCCnc

クラーベを軸に、キューバの音楽の歴史をたどる動画シリーズ。映像も綺麗で、内容は感動的だ。
「Havana Club Rumba Sessions : La Clave – Episode 1 of 6」
https://youtu.be/E5ysX2Jbebg?si=xvE8jmPat0BVGvkD

キューバの音楽は世界へと伝わっていきました。60年代にはニューヨークのプエルトリコ系ミュージシャンの間からサルサが興（おこ）り、ラテンアメリカ諸国に伝わっていきます。サルサでは楽器編成も大規模になり、コンガ、ボンゴ、ティンバレスのパーカッション陣に、ベース、ピアノ、トロンボーン×2、トランペット×2、シンガーで、10人以上の大所帯になることも珍しくありません。

サルサの最強バンド、ファニア・オール・スターズが74年にアフリカのキンシャサで行ったコンサートの映像。観客とのコミュニケーションが熱い。「Fania All Stars Live in Africa - Full Movie」
https://www.youtube.com/watch?v=-SJfoBFjdnQ

サルサパーカッションのアンサンブル例。「【ラテン】ボンゴ・コンガ・ティンバレスの王道サルサパターン【このまま丸暗記！】」
https://www.youtube.com/watch?v=YZebe7Hmgi4

ブラジルのサンバは、北東部のサルヴァドール（旧名バイーア）に連れてこられた奴隷たちの踊りが元になっています。サンバで用いられる多数の打楽器（スルド、アゴーゴ、タンボリン、カイシャ、パンデーロ、ガンザ、アピートなど）はそれぞれ役割が決まっており、見事なアンサンブルです。サンバは浅草サンバカーニバルなど世界的に広がっています。

リオ・デ・ジャネイロ・スタイルのサンバの説明動画。「Bateria Carioca - Basics of Rio Samba for bateria」
https://www.youtube.com/watch?v=sNnhpOoKUgU

イリノイ音楽大学のパーカッションアンサンブルがサンバを演奏している例。「NIU Percussion Ensemble - Samba Batucada - Traditional arr. Mike Mixtacki」
https://www.youtube.com/watch?v=Wh3uJcDlyM0

ブラジルの隣のウルグアイにも、黒人奴隷起源のカンドンベと呼ばれる音楽（と踊り）があります。コンガよりも胴のふくらみが大きい3種の太鼓が使われるのが特徴です。

ストリートでのカンドンベの演奏。「Street Candombe Montevideo, Uruguay」
https://www.youtube.com/watch?v=8NURzPZRNs8

トリニダード・トバゴのスティールパンも、アフリカ系の人々が生み出したアンサンブルです。

「World Steelpan Day Celebrations in Trinidad」
https://www.youtube.com/watch?v=ASHHpsUIRSI

・東アジアの打楽器アンサンブル（和太鼓、サムルノリ）

アフリカ系ではない、パーカッションのアンサンブルも世界各地にあります。日本の和太鼓は第二次世界大戦後、ジャズドラマーであった小口大八によってアンサンブル化され、彼の御諏訪太鼓（おすわだいこ）や鬼太鼓座（おんでこざ）、鼓童（こどう）などの活躍によって世界的なブームになりました。

鼓童の演奏例。「鼓童『族』Kodo "Zoku" (Full Version)」
https://www.youtube.com/watch?v=heglVG83scA

韓国に古くからあった農楽からキム・ドクスが新たに工夫したパーカッションアンサンブル、サムルノリも素晴らしいアートで、韓国では新しい伝統音楽として発展しています。

キム・ドクスの演奏例。「Kim Duk Soo & SamulNori performance ／圧巻！キム・ドクスのサムルノリ」
https://www.youtube.com/watch?v=lug4GVJqzJ4

・軍楽隊のアンサンブル

バグパイプとスネアドラムによるパイプバンドは、19世紀にイギリス軍のスコットランド連隊で誕生しました。この伝統はイギリス植民地・イギリス連邦にひろがり、マーチングバンドのスネアテクニックにも大きな影響を与えています。

１９４５年、ドイツのブレーメンで勝利の行進するスコットランドの分隊。「Victory March Of The 51st Highland Division (1945) | British Pathé」
https://www.youtube.com/watch?v=QcA4ffNiAk

軍楽隊そのものの元祖は、15世紀オスマントルコの軍楽隊メヘテールとされています。ズルナ（ダブルリードのチャルメラ）とパーカッション群の迫力が強烈です。

トルコ国営放送のメヘテール紹介動画。「The world's oldest living music band - Ottoman Mehter」
https://www.youtube.com/watch?v=byV-S4Mnm5Y

日本の伝統音楽のアンサンブル

・雅楽

雅楽は中国から伝わってきたアンサンブル形式ですが、日本で独自の進化を遂げ、元の中国の楽理とは異なる形で運用されています。メロディを多数の楽器でなぞっていくモノフォニックの形ですが、楽器によって節のつけ方やチューニング、スケールが異なっていても、それらを同時並行で演奏することで、独特の美しさを発揮するようになりました。アンサンブルのテンポコントロールは、指揮者に相当する鞨鼓(かっこ)奏者が担っており、演奏時に挨拶するのも彼だけです。

雅楽の説明動画。
https://www.youtube.com/watch?v=Ngo5Zs_Sg3w

韓国の雅楽の紹介動画。
https://www.youtube.com/watch?v=gl1_7m7cCvw

中国、唐代の宮廷音楽を復元してみた動画。
https://www.youtube.com/watch?v=Bm7mB7cuwo8

・能

能は総合舞台劇で、音楽部分は謡と囃子で成り立っています。謡は舞い手がセリフを歌のように語り、地謡と呼ばれるコーラスがつきます。囃子は能管、小鼓、大鼓、太鼓の４種類の楽器（「四拍子」と呼ばれる）で構成され、打楽器奏者は間合いに「ハ」「イヤー」などの掛け声をかけます。能管は管の中に小さな竹の管が挿入されており、わざとチューニングが合わないように工夫されています。囃子はテンポも速く４／４拍子で、しばしばスラッシュメタルに比較される美学を持っています。鼓も竜笛も、高い音域に耳を刺すような音量のピークがあります。これほど緊張感の高いアンサンブルは世界的にも稀有です。

能の紹介動画。「The Art of Noh 能～舞と囃子の世界～」
https://www.youtube.com/watch?v=k7nj1AkOdmc

・歌舞伎ほか

歌舞伎は江戸時代に大きく発展した総合演劇で、長唄、義太夫節、常磐津節、清元節、新内節など、演目によって多くの種類の音楽が用いられます。また、下座音楽として伴奏音楽・効果音なども加えられます。日本のポップスオーケストラといえる華やかなアンサンブルです。歌舞伎座は席数１９６４ですが、場内アナウンス以外マイクを使いません。

歌舞伎で開始30分前を告げる「着到（ちゃくとう）」。編成も演奏内容も能の音楽に近い。
https://www.youtube.com/watch?v=UGM_U9rLrDU

歌舞伎の長唄「鏡獅子」。
https://youtu.be/1EDHO1fLAiM?si=U3O9CSiacDAXVO-Q

これら以外にも、神楽（宮中の御神楽と民間の里神楽）、盆踊り、江戸時代に成立した邦楽、各地の民謡など、日本の伝統音楽は現在行われているものに限定しても、たくさんのジャンルがあり、それぞれのアンサンブル形式が面白いサウンドを構成しています。江戸中期に中国から伝わった明清楽なども、月琴や胡弓を中心とした歌曲で、気のおけないフォークソングの味わいがあります。

島根県浜田市の石見神楽の記録映像。「石見神楽 西村神楽社中『塵輪』『大蛇』（4K・字幕あり）2020.9.12」
https://www.youtube.com/watch?v=i3_g46aDm6Y

岐阜県郡上市の白鳥おどりの「世栄」。凄い迫力だ。
https://www.youtube.com/watch?v=GctMva_EZ0M

明清楽の演奏例。「法界節／ホーカイ節 月琴その他の明清楽楽器による演奏」
https://www.youtube.com/watch?v=-n__rMEKEPA

ヒップホップ／ＤＪカルチャー以降のアンサンブル

60年代半ばからの録音物はスタジオでの多重録音が普通となり（特に歌）、演奏者全員が同時に演奏することは稀になりました。ジャマイカで発生したダブは、スタジオで音を作る作業をダンスミュージックの現場に持ち出し、ライブの意味合いをすっかり変えてしまいました。踊るには生の演奏よりも録音物を再生した方がよいという考えで、雰囲気を盛り上げていくのがＤＪの技となったわけです。

ダブからＤＪカルチャーへの繋がりを説明するドキュメンタリー動画。
「That UK Sound - The Origin of Dub & UK Sound Systems」
https://www.youtube.com/watch?v=s81ByZBwTU0

また、シンセサイザー、サンプラー、ＤＡＷの進化も音楽制作の方法を大きく変革しました。現在生まれているポピュラーミュージックの多くは、歌以外はほぼコンピュータによる演奏になっています。

クラシックやジャズといった過去に演奏形式と美学が固まった領域においては、多重録音や録音の編集といった今日のテクニックは取り入れつつも、人間がアンサンブルを奏でることが原則とされ、録音物としてオーディエンスに届けられ続けています。

制作する側からいえば、サンプリングで簡単に過去の演奏や異なる文化圏からの音色を使えるわけで、文化略奪なのかリスペクトなのか、難しいところです。フレーズサンプリングの場合は引用元が明確なのですが、優秀なサンプリングソフトの民族楽器の音色を、音楽的文脈お構いなしに自由に使うことは日常的に広く行われています。

サンプリング以降のライブ演奏のやり方として、逆に異なる文化コンテクストからの音楽家を招いて共演することが行われています。トム・ヨークやレッド・ホット・チリ・ペパーズのフリーなどが組んだユニット「アトムス・フォー・ピース」には、ブラジル人パーカッショニスト、マウロ・レフォスコが含まれていますし、ビョークのバイオフィリアツアーにはアイスランドの14人組女性コーラス「グラドゥアーレ・ノビリ（Graduale Nobili）」が同行していました。

アトムス・フォー・ピースのフジロック公演動画。バックトラックを使ってはいるが、素晴らしい演奏だ。
「Atoms For Peace - Cymbal Rush [Live from Fuji Rock 2010]」
https://www.youtube.com/watch?v=7YHyOb4JOOE

面白いアンサンブル

最後に、面白いアンサンブル例をいくつかランダムに取り上げてみます。

・インドネシアのガムラン

ガムランは青銅製の打楽器で構成されるアンサンブルで、独自の調律の効果もあり、高域の響きが豊かです。アンサンブルの近くで聞いていると音がその場所を覆い、個々の楽器からの響きというよりは、アンサンブル全体で倍音の雲がかかっているように聞こえます。この倍音の雲は、金管楽器を多用するジャズのフルバンドでも体験できる、とても心地よい響きです。ジャワのものとバりのものでは楽器編成も随分違っており、響きはかなり異なります。

ガムランの演奏例。「Sound Tracker - Gamelan (Indonesia)」
https://www.youtube.com/watch?v=UEWCCSuHsuQ

・バヌアツの女声コーラス

南太平洋のバヌアツで女性たちが海の水を叩いてリズムを作り、コーラスをやっているものです。太く柔らかくてよいリズムです。これと同じことを、ギニアのバカ族の女性たちも、ブラジルのエルメート・パスコアルもやっています。

バヌアツ。「water drumming」
https://www.youtube.com/watch?v=pEgJhfWKq4A

ギニア。「Water Drumming (Liquindi) on River Lupe」
https://www.youtube.com/watch?v=8QyKOq1Kr-A

エルメート・パスコアルのバンド。動画の4：38から。「Hermeto Pascoal - Música da Lagoa (Sinfonia do Alto Ribeira, 1985)」
https://www.youtube.com/watch?v=lZbfNtDCHdM

・チーフタンズ

アイルランドの伝統音楽のグループです。イーリアンパイプ（バグパイプの一種）、フィドル×2、アイリッシュフルート、バウロン（フレームドラム）、アイリッシュハープという組み合わせのアンサンブルで、アイルランド音楽をコンサート鑑賞する形で整理し、発展させました。また、有名になって以降は世界の様々なジャンルの共演者とともに（フランク・ザッパとも!）、たくさんの意欲的な試みをしています。

チーフタンズのライブ。「Ríl Mhór Bhaile an Chalaidh (Live At The Great American Music Hall, San Francisco / 1976)」
https://www.youtube.com/watch?v=Khiwf_YR24k

・フラメンコ

フラメンコの内容は、大きくカンテ（歌）、ギター、舞踊の3部門があり、さらに20世紀後半に様々な革新的な取り組みがありました。アンサンブルの形態はまちまちですが、リズムやスケールにおいてははっきりとした様式が確立されています。日本でもファンの多い、素晴らしい芸術です。

フラメンコの歴史ドキュメンタリービデオのトレイラー。「The History Of Flamenco - Trailer / By Hector Xavier Aguilar」

https://www.youtube.com/watch?v=ifx1Cmwwuel

フラメンコ舞踊のオムニバス動画。「Amazing Flamenco」
https://www.youtube.com/watch?v=sFUC5ROtN8M

・マリアッチ

マリアッチはメキシコの民俗音楽／ポピュラーミュージックの一形態。ビウエラ（複弦の小型ギター）、ギター、ギタロン（大型のギターでベースを受け持つ）、バイオリン、トランペットが必須、フルートやアルパ（ハープ）、アコーディオンが加わることがあります。バイオリンとトランペットが共存しているのが面白いです。１９４０～50年代に、アメリカ映画によく登場しました。また、メキシコ以外ではコロンビアで盛んです。

現代的な大編成のマリアッチ。「Mariachi Vargas De Tecalitlan - Mi Reina y Mi Tesoro (Video Oficial)」
https://www.youtube.com/watch?v=sF-9ltYRq4U

マリアッチの歴史動画。「The History of Mariachi Music」
https://www.youtube.com/watch?v=OH8gJAfT2QA

・アマチュアのアンサンブル

素人オーケストラが誰でも知っている有名曲を演奏し、何もかも間違っているのがとても面白いポーツマスシンフォニーは、音楽経験として欠かせません。

「Portsmouth Sinfonia : "Also sprach Zarathustra"」
https://www.youtube.com/watch?v=hpJ6anurfuw

素人っぽい演奏、変わった楽器が音楽の説得力となって美しさを形成しているパスカル・コムラードのアンサンブル。

「Pascal Comelade - Russian Roulette」
https://youtu.be/3WFMWR_HAfk?si=Qzx-D2mPe4JfnQ03

ロックトリオの極北、シャッグスの演奏も聞いておくべきアンサンブルです。

「Philosophy of the World」
https://youtu.be/thHcvTDGWvg?si=Zw5HnC2X9zrVR6mn

最後に、世界には数え切れないほどの民族音楽、宗教音楽、ローカルなポピュラー音楽があります。アンサンブルの形には、これで終わりということはないのですが、網羅的に見ていくためには、教育芸術社「世界の音楽」のようなサイトや、書籍が手掛かりになるでしょう。

世界の音楽を紹介するサイト。教育芸術社「世界の音楽」
https://www.kyogei.co.jp/shirabe/sekai/

民族音楽学の成果を地域別にまとめ、移民の音楽やポップスまで幅広く紹介する書籍。
柘植元一、塚田健一『はじめての世界音楽 諸民族の伝統音楽からポップスまで』(音楽之友社)
https://www.ongakunotomo.co.jp/catalog/detail.php?id=135310

第5章

メディアの音色と、音世界全体

media & oto sekai

この章では、主にリスナーの立場から「音色」がどう聞こえてくるのかを考えたいと思います。現在、街をゆく人たちは携帯の画面を見ながら、そしてしばしばイヤフォンで音を聞きながら歩いています。もはや人間とスマートフォンを切り離すことは全世界的に不可能になりました。

聴覚は視覚と違って、物理的に遮断する（瞼を閉じる）ことができません。その代わりに、無自覚に呼吸するように、音に「注意を払わない」ようにすることができます。音楽を聞きながら本を読んだりしていると、本の方に「気を取られて」音楽を聞いていないことがあります。また音楽を聞いているとしても、その集中度はまちまちで、歌を聞こうとすると、歌以外のサウンドには注意が払われません。逆に、ドラマーは音楽を聞くときにドラムにばかり集中してしまって、ボーカルはまったく聞いていなかったりします。このように、耳に入って来る音と、人がそのとき意識している音には、しばしばズレがあります。

人々が日々聞いている音と、その周りに広がっている音の世界について、どのように捉えることができるのでしょうか？

これに応えるように、音楽を作る側からも、作品として何を聞くのかという観点から、従来の楽器演奏とは異なる音響ジャンルが提示されています。この事例をいくつか検討し、最後に「よい音色とは何か」を考えてみます。

スピーカーやイヤフォンを通した再生音

ここまでの章で、現在私たちが楽器の音として認識するものの多くが、電気的なプロセスを経てスピーカーやイヤフォンで再生される音になってきたことを述べました。スピーカー、ヘッドフォン、イヤフォンの音質は、まったくバラバラで統一性はありません。同じイヤフォンを使っていても、人によって再生ボリュームがまちまちで、音量が違うと音質もずいぶん違って聞こえます。

録音・再生機器が発達して、周波数でいえば低音から高音まで人間の可聴範囲を広くカバーできるようになったのですが、パソコンやTVモニターのスピーカーは口径も小さく、オーディオ装置として正確に音楽を再生しているわけではありません。ちなみに、一昔前は録音スタジオでミキシングが終わると、それをラジカセやカーステレオなどあまり高品質ではない再生環境で聞いてみて、ちゃんとまとまった音楽として聞こえるかどうかの確認をしていたものです。

録音スタジオでのモニター環境は、ローエンドからハイエンドまで、正確に音の確認ができます。スピーカーやアンプもその用途に向けて作られ、計測されていますが、何より重要なのは部屋の設計です。余計な反射音で音が濁らないように反響を抑え、部屋の箱の中に並行な面がないように処理されます。

一般家庭においても、スピーカーでよい音を聞くためには、部屋の反響を調節し、音のよいスピーカーを部屋の適した位置に置き、適切な音量で再生することが必要になります。オーディオマニアといわれている人であっても、以上のような基本的な条件が揃ったところで音楽を聞いている人は少ないです。ヘッドフォン／イヤフォンは良質のものを使っていれば、確実によい音で音楽を体験することができます（ただし、地下鉄や飛行機の中など、周りのノイズが大きなところでは無理です）。エンドユーザー用のヘッドフォン／イヤフォンは原音に忠実ではなく、低域を強調するなどしばしば演出が施されていますが、スピーカー環境に比べればよい音を得やすいです。ヘッドフォン／イヤフォンの根本的な問題点は、人が音を聞くのは耳からだけではなく、皮膚や骨など体全体で音を感じるので、スピーカーから音を聞くのとは根本的に異なる経験だということです。

ヘッドフォンの音質比較動画。実に、182種。「the GIANT headphone tier list (end of 2023)」
https://www.youtube.com/watch?v=0QBQtshJ2Qo

確実に高品質な再生音を聞ける場所としては、Dolby Atmos や IMAX に対応した新しめの映画館があります（ただし、映画の音響はすべて演出されたものです）。小さめのライブハウスやジャズクラブ、ＰＡを使わない小規模のコンサートホールなどではよい音を聞けることもあります。大規模なコンサートホールやスタジアムなどでは、ＰＡを使っていても稀によい音で音楽演奏を聞ける場合がありますが、大音量を体感できることを除けば、音のクオリティはよくありません。

ジャンルでいえば、ＤＪカルチャー以降のクラブミュージックはそもそも生演奏ではない録音物（アナログＬＰやＣＤ、デジタルオーディオ）です。すでに出来上がった音を再生するので、音響的にもよく計算されており、「音がよい」といわれるようなクラブでは素晴らしい音を聞きながら踊ることができます。日本独特の文化であったジャズ喫茶では、アナログレコードにしっかり対応したアナログの音響システムで大音量のジャズを楽しめました。

映画『ようこそ映画音響の世界へ』では映画音響がどのように発展してきたのかを知ることができて、とても面白い。
http://eigaonkyo.com/

ジャマイカのキングストンでは１９４０年代にサウンドシステムができました。ストリートにス

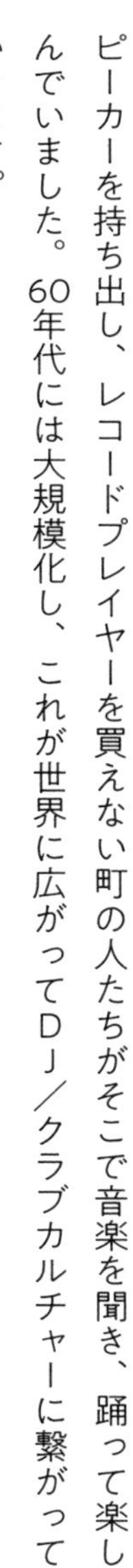

ピーカーを持ち出し、レコードプレイヤーを買えない町の人たちがそこで音楽を聞き、踊って楽しんでいました。60年代には大規模化し、これが世界に広がってＤＪ／クラブカルチャーに繋がっていきます。

ジャマイカのサウンドシステムの歴史動画。
「BASS WORSHIP: The HISTORY & INFLUENCE of DUB & SOUNDSYSTEM CULTURE (2020 Documentary)」
https://www.youtube.com/watch?v=Hp-_S_Hi_Ak

音楽に「浸る」のに、音量は大きな要素です。音が大きければ、音質はさほどよくなくても、グルーヴィーなリズムに乗って音楽世界に入って行くことができます。ヘッドフォンやイヤフォンでも音が大きいと音楽を感じ取りやすくなるのですが、長時間大きな音を聞くと耳はすぐに痛んでしまうので、注意が必要です。

スピーカーで音を聞く場合、静かな場所だと小音量でも音楽を味わえますが、ノイズが大きい街中では、家の中でも結構な音量を出さないと聞こえなかったりもします。電車の中、飛行機の中など特に外部ノイズの大きな場所では、ノイズキャンセリング機能のついたヘッドフォンはとても有効で、音楽をかけなくても外部ノイズを軽減しているだけで耳が楽になります。

オーディオメーカー、ラディウス（radius）のウェブサイトには、ノイズキャンセリングの仕組みを解説した記事がある。
「ノイズキャンセリングの仕組みとは?その種類も詳しく解説！」
https://www.radius.co.jp/blog/noise-cancelling/

メディアによる音質の違いと、オーディエンスに与えた影響

現在、伝統音楽や民俗音楽を受け継ぐ人たちを除けば、ほぼすべての音楽家たちはメディアから流れてくる音楽を見聞きして、音楽を志します。「世襲」という状況を除けば、未来の音楽家たちの環境はまったく一般の人たちと異なるところはなく、多くの人がスマートフォンで音楽を視聴するようになって以来、音楽環境は世界的に均等になりました。

報道規制のある国に対して、音楽配信サービスを使ってメッセージを伝えるプロジェクトについての記事。
HEAPS「報道規制の『穴』、音楽配信。禁じられた記事を流す〈無検閲のプレイリスト〉前代未聞のポップソングは検閲をくぐる」
https://x.gd/N90lc

初期のラジオやレコードは、テレビも含めて、表現できる音量・周波数の幅が狭かったので、その中で表現できる声や楽器が重宝されました。また音を圧縮してダイナミックレンジの幅を狭くするコンプレッサーや、目立たせたい周波数帯域を強調するイコライザーといったエフェクターが開発されました。ノイズが少なく、性能のよいマイクも次々に開発されましたが、「よい声」にするために元の音に忠実なハイファイではなく、最終的なメディアに乗らない低音や高音を最初からカットしたり、声の目立つ中高域が膨らむ特性を持ったマイク（有名なのはNeumann 87など）が名器とされ、現在でも重宝されています。

また、新しい世代のアーティストもそうした録音物を聞いて育つので、セレーナ・ゴメスやアリアナ・グランデなどの若手アーティストを観ると、生の声がまるでコンプレッサーやEQがかかっているかのように整理されています。これはギターやサックスといった生楽器でもよくあることで、

生の演奏がまるで色々加工された録音物のような音色になっています。3章の「声」でヒューマンビートボックスがどんなものでも表現できるようになったと述べましたが、楽器でも同じ現象が起きているわけです。

ストリーミングサービスの音質を比較した動画。「Most ARE NOT Lossless! What's the best music streaming service?」
https://www.youtube.com/watch?v=GyUVF5Lcz-0

1960~70年代は、アナログのテープ録音からLPレコードを作る工程でよいサウンドを作る努力がされ、その時代の先端音楽であったジャズは多くの成果を上げました。また同時に、「よい音」の一つの基準も作りました。マイルス・デイヴィスの『Kind Of Blue』はその典型です。その「ジャズの音色」は、最近のロバート・グラスパーなどにも引き継がれています。

入門者にも優しいモダンジャズの「よい音色」が味わえる『Kind Of Blue』。
https://open.spotify.com/album/1weenld61qoidwYuZ1GESA?si=9Cev1n_GTaqpxjzlnUpOpA

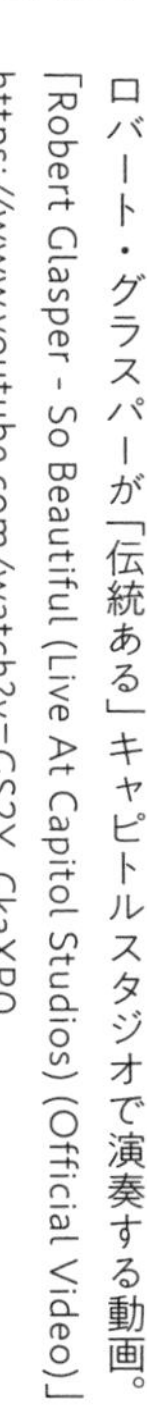

ロバート・グラスパーが「伝統ある」キャピトルスタジオで演奏する動画。
「Robert Glasper - So Beautiful (Live At Capitol Studios) (Official Video)」
https://www.youtube.com/watch?v=GS2Y_CkaXP0

ロックは、マルチトラック録音を使い迫力のあるサウンド（しばしば楽器の生の音とは全然違うもの）を定義づけました。ピンクフロイドの『狂気』はその一例です。こういった名作はジャンルごとにたくさんありますが、これらは音楽制作をする側にも音楽を聞く側にも「よい音」の伝統となっています。

サンプルライブラリーのメーカー、ソニックリアリティ (Sonic Reality) が、『狂気』のエンジニアとドラマーにどうやって録音したかを尋ねるドキュメンタリー。「Recording Pink Floyd with Alan Parsons & Nick Mason (20 minute con-versation in the studio)」 https://www.youtube.com/watch?v=5C6l6nAh_Ok

さて現在、オールジャンルのインディシーンで必ずローファイ志向のアーティストがいます。一番顕著なのはローファイヒップホップでしょう。あえて高域を削ったり、録音物のスピードを落としたり、わざとアナログテープに録音したりする美意識には、かつてのレコードやラジオにあった「感動させる力」に対するノスタルジーが含まれています。

ローファイな世界観が気持ちよい、Somni「Home」。
https://www.youtube.com/watch?v=hOOoF7PnCOA

こうした昔の「よい音」を味わうには、その当時の再生機器が必要です。ただし、ストリーミングで聞く昔の名盤は、多くの場合リマスタリングが行われて音質が変わっているので、「近似値的な雰囲気が味わえる」ものになっています。

音楽業界の歴史を再生機器とともに振り返る動画。実際の音を聞くことができる。
「From Phonographs to Spotify: A Brief History of the Music Industry」
https://www.youtube.com/watch?v=-bVketPj5to

『狂気』を様々なメディアで比較試聴する動画。当然のことながら、マスターテープのコピーが最も音がよい。
「The Dark Side of the Moon: analog & digital comparison (CD, SACD, Vinyl, Tape)」
https://www.youtube.com/watch?v=almdxl76DOw

マイクの使用とマルチトラック録音で、原音の音量を無視したバランスのサウンドができる

もう一つ現在の音楽（録音物とライブパフォーマンスの両方）で顕著なのは、4章で述べたようなアンサンブルの定型が、もはやどんな楽器の組み合わせでも可能になった、ということです。従来アコースティックギターは、大音量のロックアンサンブルの中では音量が小さすぎて、当て振り以上の意味はあまりありませんでした。しかし、録音物の中では別々に録音して音量バランスを取ることができるので、ディランやCS&Nのように、アコースティックギターがメインのサウンドが成立します。また、これをライブパフォーマンスでも成立させるために、アコースティックギター用のピックアップや、エレキギターをアコースティックギターのような音にするギターエフェクターなどが開発されました。

コンプレッサーのかかったアコースティックギターが鳴り渡る、CS&Nの「組曲：青い眼のジュディ」。
https://www.youtube.com/watch?v=ZGTOPOXJRFM

ストリングスも、映画音楽やポピュラー音楽で、ドラムやエレキギターと併用されることが当たり前になりました。こういったアンサンブルをライブで実現するために、現在ではアコースティックのストリングスをマイクで収録し、大音量のPAで増幅することで、オーディエンスに届けるようになりました。

「映画『ゴジラ　キング・オブ・モンスターズ』特別メイキング映像／音楽：ベア・マクレアリー」
https://www.youtube.com/watch?v=WuG6dJWGbW4

ピーター・ガブリエルがオーケストラと共演する大規模コンサート。オーケストラには膨大な数のマイクがセットされ、演奏者は全員ヘッドフォンでモニターしながら演奏している。
「Peter Gabriel - The Rhythm Of The Heat (From "New Blood Live")」 https://www.youtube.com/watch?v=_7w1SrtNwHc

モロッコのグナワという音楽では、従来音量が稼げないため室内でしか演奏されることのなかったゲンブリという弦楽器が、ピックアップをつけることでエレキギター並みの音量を稼げるようになりました。現在はゲンブリを使うグナワのバンドが、世界各地の大きな音楽フェスティバルで活躍しています。


グナワのライブ演奏例。現場で聞く金属カスタネット、カルカベは巨大な音量で耳に突き刺さる。

「Maallem Hassan Boussou Gnawa Concert at the American Arts Center of Casablanca」

https://www.youtube.com/watch?v=attewIAOP4M

また、サンプリング技術の発展で、ほぼ世界中の楽器や物音（靴音、ドアの軋みなど）が録音に使えるようになり、歴史や文化的分脈を無視して音楽に使われるようになりました。普通のポピュラーソングの中であれば、ストリングスの音が生演奏なのかどうか、尺八の音が生演奏なのかどうかは、ほぼ判別不可能です。

尺八の音をサンプリングしたことで有名なピーター・ガブリエルの「Sledgehammer」。
https://www.youtube.com/watch?v=OJWJE0x7T4Q

「雰囲気がよければ元の音がなんであっても構わない」という美学は、サンプリングをベースとしたDJカルチャーやヒップホップの流れで当たり前のことになりました。また、音色に演奏者という人間を伴わないシンセサイザーやリズムマシンの発達も、録音物自体に独立した価値を認める価値観を推し進めています。現代の音楽家の多くは、スタジオでの録音作業こそが一次的な創作物であると考えています。

シュトックハウゼンの「Mikrophonie 1」の記録映像。「Karlheinz Stockhausen - Mikrophonie 1 - Film 1966」
https://www.youtube.com/watch?v=EhXU7wQCU0Y

ヒップホップの美学が一般化することで、ポピュラーソングは「基本、シンガーがそこにいると感じればそれでよい」ということになりました。一例として、YouTube の音楽番組『THE FIRST TAKE』を観てみましょう。メインボーカルをその場でリアルタイムで歌ってみせるという企画に対し、多くのアーティストはすでに録音されたバックトラックに合わせて歌い、ハモリのパートやコーラスはバックトラックの中にすでに含まれています。また、サビ部分でダブリング（同じメインボーカルのラインを2回歌う）が成される曲では、サビになった途端にバックトラックにメインボーカルが1本加わったりもします。また、生で歌うメインボーカルにも目立たぬようにリアルタイムのピッチ補正エフェクトがかかったりもしています。

Vの実力が輝く『THE FIRST TAKE』出演動画。「V - Slow Dancing / THE FIRST TAKE」
https://www.youtube.com/watch?v=ebhi9c5lbHE

昔の『トップ・オブ・ザ・ポップス』や『ソウル・トレイン』といった音楽番組では、ほとんどのアーティストは録音物に対して当て振りでノリノリの演奏をし、オーディエンスもそれを心得つつ楽しんでいました。現在の野外フェスでは、多くのバンドがバックトラックを使い、ドラマーはクリックとスタートの指示をイヤモニで確認しつつ叩いています（そのドラム音も、しばしばリアルタイムでサンプルに置き換えられる）。オーディエンスはそれをスマートフォンで撮影しながら、アーティストがその場にいて動いていることに価値を見出しています。逆にグラミー賞の発表式においては、シンガーはその場でリアルタイムで歌うことが義務化しており、そこがシンガーの実力を測る機会になっています。

ダフト・パンクのグラミーパフォーマンス。珍しく、スティーヴィー・ワンダーの調子が悪い。「Daft Punk Grammy」
https://www.youtube.com/watch?v=KmWXalOFwrg

真実性ということで面白いのは、アメリカの非営利公共ラジオ「ＮＰＲ」が行っている『Tiny Desk Concert』のシリーズです。これは２００８年にスタートし、ＮＰＲのオフィスでのライブをそのままYouTubeチャンネルで視聴する番組です。小音量での生演奏（電気楽器はアンプで出してもよい、ただし小音量）という括りのため、シンガーやバンド演奏の実像がはっきりとわかります。取り上げるアーティストや音楽内容の幅もとても広く、大変充実した内容になっています。

アンダーソン・パーク。微音でドラムを叩きながら歌う彼とバンドの見事なファンクには、誰しも驚いた。
「Anderson .Paak & The Free Nationals: NPR Music Tiny Desk Concert」
https://www.youtube.com/watch?v=ferZnZ0_rSM

イギリスのシンガーソングライター、リアン・ラ・ハヴァスの素晴らしい演奏。歌と同様、ギターの歌わせ方も魅力的だ。
「Lianne La Havas: NPR Music Tiny Desk Concert」
https://youtu.be/9HUV5a7MgS4?si=2q4hLASjRmljRDSH

コロンビアのバンド、ムッシュ・ペリネ。ミクスチャーぶりが素晴らしい。
「Monsieur Periné: NPR Music Tiny Desk Concert」
https://youtu.be/JGL-eQAAxGs?si=TR49iO6jgosz2gjB

人が音を聞く環境

音は、音を伝える媒体を通して伝わります。宇宙空間は真空で音を伝える媒質がなく無音です。映画やテレビの中では、散々宇宙っぽい音が作られてきて、それが記号として受け入れられていますが、事実ではありません。

宇宙の色々な現象を、人間の可聴域に変換した動画。
「This Is What the Universe Sounds Like! (Very Creepy) - Five Real Sound Recordings From Space」
https://www.youtube.com/watch?v=wN3mYEpPUOM

水は、音を伝えます。音を伝えるスピードは媒質によって異なり、水は空気よりも密度が高いため、1秒間に約1500メートルの速さで伝わります（温度や深さで変化しますが）。また、音の響き方も随分違います。

これを簡単に感じられるのは、プールで顔を浸けて泳ぐことで、趣の違う音世界を味わうことができます。水が揺れてゴボゴボと音も出すのですが、これが中低域のくぐもった音色でとても落ち着きます。お母さんのお腹の中にいるときの音に似ているともいわれ、これが気持ちが落ち着く原因かもしれません。

浅い川の中の音。「4K自然環境音　円原川　癒しの水中映像+水中音 Healing underwater footage」
https://www.youtube.com/watch?v=aeN7s9QDx-w

丘の上や、高いビルのベランダや屋上から聞こえて来る、都市のノイズも面白いです。遠くの低い方から、車の音や様々なノイズが混じって伝わって来るのですが、高い方に耳を集中すると大きく広がった空間が感じられて開放感があります。また、昼と夜の温度変化によって、夜になると音が屈折して遠くの音が聞こえやすくなります。昭和の時代の田舎では、夜になると汽車の音が遠くから聞こえたものですが、現在ではエアコンの音に紛れて聞きづらくなっているかもしれません。

夜の新宿の街の音。「[環境音] 夜の新宿の街の音／集中用ノイズ／3時間／勉強用」
https://www.youtube.com/watch?v=TlltLikFAZM

遠くから聞こえる波の音。「睡眠導入用」と銘打たれている。「遠くから聞こえる波音 月夜の海8時間―おやすみ自然音」
https://www.youtube.com/watch?v=PFsWh3nEHPE

現在、人が一番聞いているのは、部屋の音・家の音でしょう。床や壁、家具の材質、部屋の広さなどによって音色が変わってきます。昔の木・紙・土でできた日本家屋の音と、現在のガラスや新建材でできた、常にエアコンのノイズが薄く乗っている環境はまったく違う音世界です。

図書館の音。時折の物音で、天井が高いことがわかる。「Library Sounds | Study Ambience | 2 hours」
https://www.youtube.com/watch?v=4vIQON2fDWM

人の一生と音の変化

人の聴覚は20代から加齢とともになだらかに劣化していき、特に高い音は60代以降では随分聞こえにくくなっていきます。また、小さな音も聞こえにくくなります。補聴器や骨伝導イヤホンも質が向上してきているので、これらを使えば歳を取っても音楽を楽しめるようになりました。防水の骨伝導イヤホンだと、水中で泳ぎながら音楽を聞くこともできます。

加齢と骨伝導補聴器についての解説。加齢性難聴には、骨伝導補聴器ではなく一般的な補聴器がよい、ということが正確に説明されている。うぐいす補聴器「骨伝導補聴器って何? 高齢者にはおすすめできる?」
https://uguisu.co.jp/blog/kotudendo2308/

また10～20代の若者は、中高域（2～4kHzくらい）が豊かな音を好むといわれており、ロックギターのうるさい音やEDMの派手なシンセ音はまさにこの帯域が張り出しています。この音域は人が音をもっとも敏感に感じるあたりで、耳が弱くなっていく中高年は、加齢とともにこのような音を「痛く」感じるようになりがちです。逆に、低音は歳を取っても感度がさほど変わらないため、和太鼓やヒップホップなどの低音重視の音楽を好きな人は、一生同じ音楽を聞き続けることができそうです。

初期のビートルズのレコードは、エレキギターの音も歌も、まさにこの中高域に集中していました。その頃のポピュラーミュージックのファンからすれば「とてもうるさい」音楽だったと思われます。逆に世界の若者たちには、「その音質がアピールしたのだ」ということができます。

聴力検査の動画。くれぐれも適正音量で。「How Old Are Your Ears?? | HEARING TEST!」
https://www.youtube.com/watch?v=Ne6-31MHYWI

サウンドスケープとフィールドレコーディング

カナダの音楽家／音楽学者マリー・シェーファーは、１９６０年代の終わりに「サウンドスケープ」という概念を提示しました。「音の風景」という意味で、環境の中で現われる音を総体として捉え、産業革命以降ローファイ化したサウンドスケープに対して、音環境の再設計を提案したのです。

日本の現状は、都市のノイズは増すばかりで機械による人工音に溢れ、さらにそれに埋没しないためのありとあらゆる広告の音が渦巻いています。こうした都市環境を離れ、自然の豊かな山や海に出かけると、夜の静けさに驚かされることがあります。明かりが少なく、夜がしっかり暗いのと対応しています。

以下の YouTube チャンネルでは、幹線道路の音と工場のノイズの動画を掲載していますが、これらはいずれも「リラックスして落ち着くための音」と区分されています。小さな子供が大音量を好んだり、静かすぎると眠れないといった事例もあって、ノイズと人の心理は単純に割り切れるものではありません。常に大音量のノイズは人にとって大きなストレスとなりますが、無音の環境にも人は不安を覚えるというわけです。

幹線道路の音。「【臨場感】環境音 幹線道路」
https://www.youtube.com/watch?v=aOaOcRRkRSE

工場のノイズ。「Factory Noises & Beats Soothing Sounds relaxation meditation calm quite - noises of the plant」
https://www.youtube.com/watch?v=Hf7m-Lv2Hyg

無響室の紹介動画。「無響室ってどんなの?」
https://www.youtube.com/watch?v=MxRN5htevnw

日本サウンドスケープ協会のホームページ。
https://www.soundscape-j.org/about.html

さて、録音スタジオやコンサートホールのような、録音を想定した場所以外で録音することをフィールドレコーディングといいます。目的は民族音楽の研究とか映画のサウンドトラック、生物や自然の研究でしたが、現在では録音芸術としての音楽の一分野ともなっています。

これも、現在ではスマートフォン一台で誰でも実践できる音楽行為となっており、至極簡単なのでぜひ試してください。「ボイスメモ」とか「ボイスレコーダー」といった無料アプリで十分です。普段の行動を録音して、あとで再生して聞いてみるのです。例えば、街を歩いていてコンビニに入るところを録音すると、それまで広い空間にいたのがいきなりコンビニの閉鎖空間になるため、音声がまったく変わります。いつもは視覚を伴い、当たり前になっている空間の変化が、視覚を遮断して音だけで経験すると、まったく違う現実として姿を現わすのです。

iPhoneを使ったフィールドレコーディングの動画。
「Please Don't Think Of Me This Way // Field Recording with your iPhone」
https://www.youtube.com/watch?v=0FjkKIEMfas

雨の音、風の音、海の音、川の音などはそれだけで聞き込み感動できる音楽作品です。人工音でも、MRA検査の時に体が通過する装置の音は、見事なシンセサイザー作品のようで、YouTubeには音に感動した人からのたくさんの報告があります。


フィールド録音の第一人者、クリス・ワトソンが自分の作品の解説をする動画。確かに、音が素晴らしい。

「Unsound Presentation: Unlocked (Chris Watson)」

https://www.youtube.com/watch?v=gVTzvcT1okQ

MRIスキャナーの音を説明する動画。「Exploring Brain MRI Scan Sounds and Protocols」
https://www.youtube.com/watch?v=Pxw2ZpGp5AM

また、フィールド録音の素材から音楽を組み上げるアーティストもたくさん登場しています。

環境音・日常音から楽曲を構築するサウンドクリエーター、Yosi Horikawaの紹介動画。「Why This Japanese Producer Creates Music From DYI Sounds | Documentary | Red Bull Music」
https://www.youtube.com/watch?v=jkEbqzt2dYA

フィールドレコーディングについては、柳沢英輔『フィールド・レコーディング入門』（フィルムアート社）というバランスの取れた著書があります。これは音楽ファンならずとも必読の名著です。また、中島義道『うるさい日本の私』（角川文庫）も、日本のノイズと文化を考える上での基本書として推薦しておきます。

ノイズミュージックとノイズ的な表現

西欧の機械文明の発達は、イタリアの未来派（「近代社会の速さを讃える」芸術運動）を生みました。未来派の画家／作曲家のルイージ・ルッソロは、「騒音」を出すための楽器イントナルモーリを開発しました。

ルイージ・ルッソロの作品を再現したもの。今聞くと音が優しく牧歌的だ。「Luigi Russolo - Risveglio di una Città」
https://www.youtube.com/watch?v=IC3KMbSkYNI

また、第二次大戦の精神的な打撃は戦後のクセナキスやリゲティの作品に直接反映して、積極的にトーンクラスターを利用して、従来とは違うノイズ的な音響表現をしています。

ポーランドの作曲家クシシュトフ・ペンデレツキの「広島の犠牲者に捧げる哀歌」。ストリングスのクラスターが衝撃的だ。
「ペンデレツキ：広島の犠牲者に捧げる哀歌」
https://www.youtube.com/watch?v=ueNFfgv7pKE

ジャズにおいてもロックにおいても、止むに止まれぬ表現としてノイズミュージックに至る人たちが現われ、活躍してきました。それぞれのノイズにも多彩な音色があり、表現形式も多様です。

ルー・リードの「Metal Machine Music, Pt. 1」（１９７５）。現在聞くと、さほど激しくはなく聞きやすい。
https://www.youtube.com/watch?v=5wO2O-XdsXE

高柳昌行の貴重なライブ映像。「高柳昌行 improvisation」
https://www.youtube.com/watch?v=au8th6iM5Ug

Pita の「Aahn」。強烈なデジタルノイズで有名だった彼も、近年は成熟しノイズとアンビエントの中間のようなサウンドになっている。「03 Pita - Aahn [Editions Mego]」
https://www.youtube.com/watch?v=XNr4WhVnH18

ライブの現場で大音量のノイズミュージックを聞いていると、耳をつんざくサウンドの中に豊かな音の変化を体感して「音を直接体験した」と感動します。似た体験は、大音量の海鳴りや風の音を長時間聞くことでも経験できます。

デヴィッド・チューダーのライブエレクトロニクス作品『Rainforest』。
https://open.spotify.com/album/18NEfZxOSbEkQOShmcEcOy?si=1MBFjA1YRpGG6L9eOqahwQ

ノイズは、楽器の表現として多くの伝統楽器に取り込まれてきました。代表例は三味線のさわりで、わざわざ「ビーン」というノイズが出るように工夫されています。

三味線のさわりの説明動画。「伝統音楽デジタルライブラリー 三味線『サワリの話』」
https://www.youtube.com/watch?v=D4glgnWMggM

西アフリカのジャンベにつけるケッシ（ジングルのついた金属板）や、バラフォンの瓢箪につける蜘蛛の卵嚢（共鳴してビリビリと鳴る）、スネアの響き線やシンバルのシズル、中国の笛につける竹紙（これもビリビリ鳴る）など、いくらでも例を挙げることができます。ロックギターのファズも、ギターの音をノイジーにする意味が含まれています。

ギターディストーションの歴史動画。「History Of Guitar Distortion」
https://www.youtube.com/watch?v=XTGmfsKHcXo

一旦合理的に整理された西洋クラシック楽器も、近年の現代音楽作品では楽器の表現を拡大し、ノイズミュージック・民俗音楽・他の文明の伝統音楽の演奏法に接近して、ノイズを扱うようになる事例が多くなっています。

藤倉大の現代曲「Twin Tweets for Shakuhachi+Clarinet」。日本の尺八の演奏法をクラリネットに拡大し、また寺という場所の響きも取り込んでいる。
https://www.youtube.com/watch?v=74vMzoiqOrQ

そもそも1章や2章で見てきたように、西洋クラシック楽器の楽音も、詳しく見れば音の立ち上がりの部分にノイズ（広い音域の非整数倍音）が含まれている事が多いのでした。楽音のノイズは、どのような事例・どのような時間範囲で見るかによって捉え方が変わりますが、むしろ楽音にノイズはつき物だとする方が実態に近いです。

科学的な測定においてはS／N（信号とノイズの比率）という考え方で、ノイズが少ないほど高精度の信号伝達とされてきました。初期のラジオ、レコード、テープ録音などはすべて音を正確に捉え、なるべくノイズを少なくしようと努力したのですが、デジタルの音楽環境が普及しノイズがほぼ聞き取れなくなった現在、昔のレコードのクラック音（レコード盤の汚れによるチリチリノイズ）やテープヒス（テープ録音／再生につき物のシャーというノイズ）は、むしろ音楽を感じさせる「よい音」として作品に取り込まれるようになっています。

DJ Krush の名作『Meiso』。全編にサンプリングされたレコードノイズが薄く乗せられている。
https://www.youtube.com/watch?v=glvDq6rtSeE

古いジャズレコードのサンプリングから構成されたエレクトロニカの名作、ヤン・イェリネックの『Loop-Finding-Jazz-Records』。必聴です。
https://open.spotify.com/album/6UK4EMYa7by9xwU4eeAoE4?si=nh2b9xyrT_mNQ-WXtvTTrQ

ノイズミュージックの作曲者や演奏者の意識は歴史的に見てもまちまちですが、受け取る側からすれば、音を使った表現として普通に聞かれるようになりました。むしろ問題は、作者・演奏者は表現の限界点を探っているつもりなのに、リスナーがいとも簡単に、制度化された「美しい音楽」や「映画のサウンドトラックっぽい曲」として受け取ってしまうことだと思います。

クセナキスの「Shaar / Eötvös」。強烈なクラスターが美しい。「Xenakis: Shaar / Eötvös · Berliner Philharmoniker」
https://www.youtube.com/watch?v=83zM1BCyeWA

キューブリックの映画『シャイニング』に使われたリゲティの「Lontano」。
https://open.spotify.com/track/7sSWpiXGy9HiORZisijJk2?si=21640aa2ce564d9d

アンビエントミュージック、ドローンとローファイヒップホップ

ブライアン・イーノは交通事故で入院し、小さな音でしかレコードを聞けなかった経験から、場所に雰囲気を与える音楽として「アンビエントミュージック」を提案しました。これは強制的に耳に入ってくるBGMに対立する概念で、「聞くこともできるし無視もできる」音楽、エリック・サティの「家具の音楽」とも繋がる考えです。

音楽は、人の気分に大きく作用するものですし、40Hz以下の低音は人を不安にさせる効果があるようですが（地震を連想させるからか？）、良質なアンビエントミュージックを作ることは音楽家にとってとても難しい課題です。

イーノが提唱したアンビエントミュージックの第1作。「Brian Eno - Ambient 1: Music for Airports [Full Album]」
https://www.youtube.com/watch?v=vNwYtllyt3Q

サティの「家具の音楽」。実際に聞いてみると、賑やかで愉快なアンサンブルを延々と繰り返している。
「Musique d'ameublement: Tenture de cabinet préfectoral」
https://www.youtube.com/watch?v=MMAdmTkqSnc

「ドローンミュージック」は明確な定義はないのですが、長時間にわたってゆったりと変化していく音響作品を指すことが多く、２０１０年あたりでは５００Hz以下の周波数でできている音楽、とされることもありました。刺激的な高い音や素早い音変化がないことで、リスナーに鎮静効果や瞑想を誘う効果があります。ドローン音楽の作家たちには、しばしばニューエイジ思想やスーフィズム、神秘思想との関連が見られます。

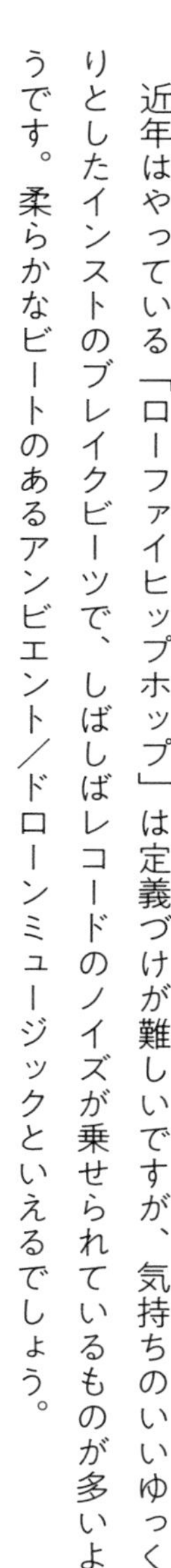

クラウス・ヴィーゼ(Klaus Wiese)の１９９０年の名作ドローンアルバム『Space』。見事に８００Hz以上の周波数の信号がない。
https://www.youtube.com/watch?v=sXWjnicuNfA

近年はやっている「ローファイヒップホップ」は定義づけが難しいですが、気持ちのいいゆっくりとしたインストのブレイクビーツで、しばしばレコードのノイズが乗せられているものが多いようです。柔らかなビートのあるアンビエント／ドローンミュージックといえるでしょう。

ローファイヒップホップの一例。「Summer Nostalgia」
https://youtu.be/1UAiu6vr87g?si=ca-9KXpF21BVOd-W

サウンドアート

サウンドアートは、音を主要な媒体・素材として利用する芸術活動です。視覚芸術と実験音楽の中間的な位置にあって、美術館やギャラリーなど特定の場所で提示されます。美術のインスタレーションと同じように、場所と時間を限定したサウンドインスタレーションの形を取ることが多いです。

サウンドアートという名前で展覧会が行われるようになったのは1970年代の終わりからで、日本でも東京のICCやワタリウム、山口のYCAMなどで多くの展覧会が行われてきました。次のYouTubeチャンネルでは、様々なサウンドアート作品が紹介されています。

「Sound Art Examples」
https://www.youtube.com/playlist?list=PLu-vxrbGBRjsxQUO2pC3EbwlaHwhGJsqF

サウンドアートにはこれという形式や決まりごとはなく、一作家一ジャンルなのですが、際立った作家と作品をいくつか取り上げてみましょう。

ドイツのカールステン・ニコライの作品では、低周波を浅いプールに響かせ、波の形で音を見せたり、マイクで拾った部屋の音をテープレコーダーで延々フィードバックさせて部屋の定常波（部屋が響く周波数）を浮かび上がらせたり、様々な方法でシンプルな主題を音とビジュアルを絡めて明示してみせます。常にデザインがすっきりとしており、音が美しいのが大きな特徴です。

カールステン・ニコライの作品例。「LUX: Carsten Nicolai – unicolor」
https://www.youtube.com/watch?v=YmYiuLidjRA

カールステン・ニコライのインタビュー動画。「Physicist of Sound | Carsten Nicolai」
https://www.youtube.com/watch?v=zCBIKXFrfNA

スイスのアーティスト、ザイムーン（Zimoun）は様々な素材を使った音響彫刻で、圧倒的な音響空間を作ります。段ボールや木箱をモーターとマレットで鳴らすのですが、空間を埋め尽くすような量の多さが彼の特徴で、同じような音が少しずつ周期のずれたアンサンブルを形成し、美術館やギャラリーの部屋に響きます（ＰＡは使いません）。

ザイムーンの作品を集めた動画。とても面白い。
「Zimoun : Compilation Video 3.9 (2020) : Sound Sculptures & Installations」
https://www.youtube.com/watch?v=VAzObWw4ezo

音を可視化するやり方に、板や膜の上に粒子や液体を置くことで、周波数によってパターン化した図形ができる「サイマティックス」という現象があります。これを使ったサウンドアート作品を２つ紹介しましょう。

自動車ジャガーの音を視覚化するインスタレーション。「Jaguar F-TYPE SVR Exhaust | Art of Sound | Jaguar USA」
https://www.youtube.com/watch?v=visICTMwXOk

普通のポップミュージックにサイマティックスを応用した例。「CYMATICS: Science Vs. Music - Nigel Stanford」
https://www.youtube.com/watch?v=Q3oItpVa9fs

音色の新鮮さという観点からすれば、優秀なサウンドアートはもっとも意外な形で音色と出会う機会になっています。

ここで一つ、サウンドアートとも関連する概念を検討したいと思います。それは「サイトスペシフィック」という考えで、「音楽やアート作品を、提示される場所と共に考える」ということです。サウンドアートはそれが設置される場所を前提とし、その場所で何ができるかから考えられることが多いです。同じ作品を複数箇所で巡回する場合は、それぞれの場所において調整が必要になります。サウンドアートというテーマで複数の作家が参加する場合には、作家同士で設置箇所や音量を調整しないと、互いの作品が邪魔をしてしまうこともあります。

美術の流れにおいては、既成のギャラリーや美術館のありきたりの約束事から脱して、より自由な作品を発表するということでもあったし、アーティストが作品を発表する現地に滞在し、そこの風土や人々と交歓するところから生まれるものでもあります。

民族音楽や宗教音楽の多くは、その場所で演奏・鑑賞されないと意味が変わっていくものが多く、メディアに乗り世界のどこでも消費されるポピュラーミュージックとは著しい対照を成しています。ポピュラーミュージックの中でも、フジロックフェスティバルなどは逆に音楽を体験する環境を作り、その場所ならではの経験を提示しているといえます。

「サイトスペシフィック」な音楽の究極形としては、その場所の音を「音楽作品」として聞くやり方があります。例えば空港の乗り換えとかで、ポッカリ開いた時間にフィールドレコーディングをするつもりで耳を開き、鳴っている音に注意を向けて集中します。これは慣れると、周囲の会話なども言葉の意味から離れ音として聞けるので、余程ひどいノイズ環境でなければ、長時間飽きることなく音を楽しむことができます。

よい「音色」とは何か?

ここまで「音色」のあり方について、様々な説明をしてきました。最後に「よい音色とは何か?」という問いの答えを考えてみます。

究極的にいうならば「よい音色のあり方は、状況による」ということになります。音が鳴っている環境があり、そこに存在する人間が音を聞いて、音色のよさを感じ取ります。音環境には、どうしてその音が鳴っているのかが、科学・歴史・文化的に条件づけられ、それを受け取る人間の側も生物的・文化的な存在です。

私の母は上海のミッション系女学校に通い、クラシック音楽のファンでした。太平洋戦争ののち、ラジオで東京裁判のニュースを報じる番組のテーマソングにバッハの「トッカータとフーガ」が使われるのを体験して以来、大好きだったバッハのこの曲を聞くことができなくなりました。

これは文脈が厳しすぎる例ですが、他の例を挙げると、レスター・ヤングの１９３０年代の録音物は音質がノイズ成分が多いために、彼のテナーサックスの音色の魅力を感じることが難しいです。

リスナーの側からすれば、音楽や音の「音色」に敏感になって、どうしてそのような「音色」になるのか、自分が「音色」のどこに魅力を感じるのかを考えることは、音楽や音に対する理解を深めるのにとても役立ちます。歌を理解するのに、歌詞をきちんと聞き取る（もしくはテキストとして歌詞を読む）のとは違う、「どのような声色でどのように歌われているのか」を聞き取るのも重要です。

器楽曲であれば、譜面を読み込むことによって得られる理解がある一方で、「どの楽器でどのように演奏しているのか」を聞くことで、作曲家や演奏家が音楽に込めたメッセージをより深く理解することができるでしょう。

ローリング・ストーンズの「Satisfaction」のギターリフは、キース・リチャーズがファズを使ったものです。彼の意図はブラスのリフのつもりだったのですが、ロックギターのアイコンとして機能する「音色」になりました。さらに同曲をカバーしたディーボの演奏で、歌やバンドのアンサンブルがどのような音色になっているのかを聞き比べれば、ディーボが発している特異なメッセージも明らかになります。

人が感じるものは、その時限りの当事者の真実があります。同時に、なぜそう感じるかを科学・文化的に説明をすることもでき、そこに人々のコミュニケーションの可能性も含まれています。「よい音色」を理解しようとする行為には、人々の共感と共生を観ることもできる、と結論づけましょう。

おわりに

本書は、もともとＤＡＷの観点から音色を考えるという企画で、コンピュータによる音楽制作が常識化した現在、デジタル処理の技術的な観点から、音楽・音を解説していくつもりでした。第１章はそのスタート地点を示しています。書き始めてみると、実際の楽器のバラエティやその美点を押さえていく必要があり、結果的に様々な音楽の地理と歴史を踏まえ、たくさんの参照動画・音源を使った、音色のカタログのようになりました。

音楽の中で楽器が美しく鳴っている状態を実感していなければ、いくら技術的なノウハウを提示しても意味がありません。

音色のリアルさを踏まえた上での作品ということで、一例を挙げてみます。映画『パワー・オブ・ザ・ドッグ』の中で、ジョニー・グリーンウッドの奏でるチェロのピチカートはとても説得力がありますが、これは元々バンジョーで演奏していたフレーズが「映画の映像に近すぎる」という理由で、少し距離を置くためにジョニーが楽器変更を自ら判断したそうです。画面と関わりのない音色感、生演奏のやや不安定でリアルなニュアンスが加わることで、映像と音の総合的な世界観が生まれています。

世界の音楽は歴史的にも地理的にもすでに膨大な積み重ねがあって、そのすべてを聞いて理解することはとても及ばないところですが、本書で取り上げたくらいの内容を知っておくと、音楽を作る上でも、聞いて楽しむためにも役立つと思います。

ティンバランドのトラックに西アフリカのリズムやアラブ音楽のフレーズを嗅ぎ取ったり、テイラー・スウィフトの歌にカントリーとR＆Bの歌唱法の混じり具合の変遷を見たりすると、想像力がより広がっていくのではと思います。

面白いのは、ルーツミュージック的に音楽が繋がっているということだけではなくて、歴史や地理が離れているのに、楽器の音色がそっくりということもよくあるという点です。例えば、インドネシアのスラウェシ島や、奥三河の花祭りで使われる小型の太鼓は、長年の使用で高音が出なくなったために、ローランドの「TR-808」のバスドラムとまったく同じような、サイン波に近い重低音が鳴っています。シンセサイザーのよい音色には、しばしば民族楽器や自然音との類似があります。また、まったく新しい楽器だったシンセサイザーの初期の名作（『スウィッチト・オン・バッハ』や『月の光』など）はクラシックのカバーアルバムで、しばらく後にシンセサイザーの音色そのものを音楽構造の中に取り込んだクラフトワークが現われます。似た事例は、ピアノでもサクソルンでもエレクトリックギターでも挙げることができるでしょう。

音楽の意味や機能ということで考えると、２０２４年の現在は情報化社会で、メディア環境が変わってしまった結果が世界的に現われてきているところです。ネット社会の元年は、総務省によれば１９９５年だそうですから、現在20歳の若者は、生まれた時からずっとネット社会の中で生きています。

これに対して、ルイジアナ出身のシンガーソングライター、ジョン・バティステは、〈「プラグインしてあとは耳を貸さない」という特性を持った現代社会において、ライブ音楽のパフォーマンス中の人間同士の相互作用が人間性を高めることができる〉という信念から、自らのバンドを「ステイ・ヒューマン」と名づけて活動しています（ウィキペディアより）。ＤＡＷを使った一人多重録音の YouTube 動画が話題を呼び、現在世界的に活躍しているロンドン出身のジェイコブ・コリアーは、最新鋭のボコーダーソフトを使いつつ、コンサートにおいてはオーディエンスとコーラスをし、ダイレクトなコミュニケーションを図っています。

他方、２００１年に発表されたヤン・イェリネックのアルバム『Loop-Finding-Jazz-Records』は、古いジャズのレコードをエンソニック「ASR-10」サンプラーを使って編集した傑作で、ローファイなサウンド、柔らかいビートは20年経った今も新鮮さを失っていません。サンプリングされ、さらに加工された音が音色の実態なのですが、ここでは作者のヤンが聞き取っている音にリスナーは共感していきます。

また重要なのは、この作品の中ではビートがわかりやすい形で提示されていることです。演奏しているのが人間か機械かということより、よいリズムかどうかで、音楽に感動できるかどうかが決まってきます。音色も大きく関係するのですが、「よいリズムのあり方」はまた別のテーマで、これについてもまとめて考えたいと思っています。

横川理彦 Tadahiko Yokogawa

１９５７年鳥取市生まれ。80年代から4-D、P-Model、After Dinner、Metrofarce、Meatopiaなどに参加、コンピュータと生楽器を併用する独自のスタイルに至る。現在ソロ。即興演奏とＤＡＷの講師歴も長く、マルセイユのＮＰＯ「A.M.I.」主催のワークショップでは中東のベイルートやダマスカス、アフリカのキンシャサなどにも赴いた。２０１２年から美学校講師、２０２０年から音楽制作プロダクション「TOYRO MUSIC」の代表を務める。著書に『サウンドプロダクション入門 ＤＡＷの基礎と実践』（ビー・エヌ・エヌ）ほか。

https://twitter.com/cycle_label
https://www.toyromusic.com/
https://spoti.fi/4aU3NHQ

NEIRO よい「音色（ねいろ）」とは何か

2024年3月15日 初版第1刷発行

著者 横川理彦

発行人 上原哲郎
発行所 株式会社ビー・エヌ・エヌ
〒150-0022 東京都渋谷区恵比寿南一丁目20番6号
fax：03-5725-1511 E-mail：info@bnn.co.jp
URL：www.bnn.co.jp
印刷・製本 シナノ印刷株式会社
ブックデザイン 鈴木成一デザイン室
編集 三富仁

 ISBN 978-4-8025-1277-0